Ju-Jutsu für Kinder
Techniken bis zum Gelbgurt

D1672566

# Widmung

Widmung: Ich widme dieses Buch meinem Trainer-/Orgateam der Fight Academy Christian Braun: meiner Lebensgefährtin Gabi Rogall-Zelt, Alexander Emmering, Gunther Hatzenbühler, Waldemar Wodarz, Tobias Hörr, Robert Zawis und Frank Hassler.

# Warnung

Dieses Buch enthält zum Teil Techniken, die gefährlich sein können und nur unter Anleitung eines qualifizierten Übungsleiters/Lehrers trainiert werden sollen. Der Autor und der Verlag übernehmen für Verletzungen keine Haftung.

Bezugsquelle für Übungsmesser, Rattanstöcke und Schutzbrillen:

Christian Braun
Peter-Paul-Rubens-Str. 1
67227 Frankenthal
E-Mail: Christian.Braun@fight-academy.eu
Home: www.fight-academy.eu

Christian Braun

# Ju-Jutsu für Kinder

## Techniken bis zum Gelbgurt

# Meyer & Meyer Verlag

Papier aus nachweislich umweltverträglicher Forstwirtschaft.
Garantiert nicht aus abgeholzten Urwäldern!

A 08/1726

**Ju-Jutsu für Kinder**
Techniken bis zum Gelbgurt

Bibliografische Information der Deutschen Nationalbibliothek
Die Deutsche Nationalbibliothek verzeichnet diese Publikation in der
Deutschen Nationalbibliografie; detaillierte bibliografische Daten sind im Internet
über http://dnb.d-nb.de abrufbar.

Alle Rechte, insbesondere das Recht der Vervielfältigung und Verbreitung sowie das
Recht der Übersetzung, vorbehalten. Kein Teil des Werkes darf in irgendeiner Form –
durch Fotokopie, Mikrofilm oder ein anderes Verfahren – ohne schriftliche Genehmigung
des Verlages reproduziert oder unter Verwendung elektronischer Systeme verarbeitet,
gespeichert, vervielfältigt oder verbreitet werden.

© 2008 by Meyer & Meyer Verlag, Aachen
Adelaide, Auckland, Budapest, Capetown, Graz, Indianapolis, Maidenhead,
New York, Olten (CH), Singapore, Toronto
Member of the World
Sport Publishers' Association (WSPA)
Druck und Bindung: B.O.S.S Druck und Medien GmbH
ISBN 978-3-89899-388-3
E-Mail: verlag@m-m-sports.com
www.dersportverlag.de

# Inhalt

# Vorwort des Autors

Von klein auf faszinierte mich das Thema Kampfkunst. Mein Vater, der einen im Judo erfolgreichen Arbeitskollegen hatte, verweigerte es mir jedoch, eine Kampfsportart zu erlernen, da er auf Grund der vielen Verletzungen seines Kollegen für meine Gesundheit
Bedenken hatte. So kam es dann, dass ich als Jugendlicher zuerst ca. sechs Jahre Tanzen
erlernt und in der Endphase begonnen hatte, für den Turniertanz zu trainieren. Dies er-
ledigte sich aber relativ schnell, da meine damalige Tanzpartnerin mit diesem Sport aufhörte und ich mich im Umfeld der Turniertänzer nicht so richtig wohlfühlte. Parallel dazu
spielte ich ca. zwei Jahre in der Schulmannschaft Basketball, einen Sport, den ich auch
heute noch regelmäßig in mein Aufwärmtraining einbaue. Wir spielen allerdings fast
ohne Regeln. Es gibt zwei Körbe, einen Basketball und viele Mitspieler. Dieses Spielsys-
tem habe ich von Thomas Cruse, dem ehemalige Vizepräsidenten des Progressive
Fighting Systems, übernommen, der in einem Lehrgang 1996 in München die vielen Vorteile dieses Trainings, wie die Optimierung der Bewegungslehre, herausstellte.

Als meine damalige Partnerin mit dem Tanztraining aufhörte, war ich gerade 17 Jahre
alt und suchte nach einer neuen Herausforderung. Dass ich Kampfsport/-kunst trainieren wollte, war klar, nur welche? Also besuchte ich Abend für Abend viele Vereine/Schu-
len, die Kampfsport/-kunst anboten und sah mir viele unterschiedliche Stile an.

Beim Judo stellte ich fest, dass der Schwerpunkt auf dem Werfen des Angreifers und auf
dem Bodenkampf liegt. Dafür muss man den Gegner vorher irgendwie zu fassen bekommen. Was macht aber der Judoka, wenn der Angreifer mit kurzen, schnellen Schlägen
und Tritten angreift und somit ein Fassen nur schwer möglich ist?

Also habe ich mir ein Karatetraining angesehen. Hier stellte ich fest, dass die Sportler
sehr gut im Distanzkampf waren. Schläge und Tritte konnten gut abgewehrt werden
und Gegenangriffe wurden mit Dynamik perfekt durchgeführt. Was macht aber ein Karateka, wenn er umklammert wird? Was macht er, wenn er sich in der Bodenlage befindet und jemand auf ihm sitzt? Wie sieht es mit Verteidigungstechniken gegen Faustfeu-
erwaffen aus?

Auch beim Aikido-Training war ich und die Tricks des Meisters, bei dem ich es nicht
schaffte, seinen Arm zu beugen oder ihn gar hochzuheben, haben mich total fasziniert.
Heute weiß ich, dass es in der Regel eben Tricks sind und kann sie zum Teil auch selbst
vermitteln. Es waren allerdings nicht nur die Tricks, die mich begeisterten, sondern auch

die Art, wie die Würfe vollzogen wurden. Allerdings ist mir aufgefallen, dass die Partner zum großen Teil extrem runde, weite und langsame Angriffe durchführten. Wenn zum Beispiel ein ausgebildeter Boxer angreifen würde, hätte ich große Bedenken, ob es ein Aikidoka schafft, diese Schläge abzublocken bzw. diese runden Abwehrbewegungen durchzuführen. Auch die Verteidigung gegen Schienbeintritte (Low Kicks), wie sie zum Beispiel im Muay Thai ausgeführt werden, können meines Erachtens im Aikido schlecht abgewehrt werden.

Trotz allem waren und sind all diese Stile für mich bewundernswert und ich kann jeden verstehen, der eine dieser Sportarten trainiert. Mein Fokus lag und liegt jedoch auf der Selbstverteidigung und da sind, meiner Meinung nach, diese Einzelsysteme/-stile, wie schon weiter oben dargestellt, nur bedingt einsetzbar. Auch konnte ich keine effektive Waffenabwehr in diesen Systemen erkennen. Es wurde zwar stellenweise die Waffenabwehr trainiert, jedoch in einer Form, die ich persönlich nicht für realistisch halte.

Was ist denn nun realistisch?, wird sich der eine oder andere Leser fragen. Diese Frage stellt sich besonders im Waffenbereich. Ich bin zutiefst davon überzeugt, dass eine waffenlose Verteidigung, gegen einen mit dem Messer ausgebildeten Angreifer, ohne Verletzungen so gut wie unmöglich ist, auch wenn man 20 Jahre Kampfsport trainiert hat. Deshalb heißen für mich die drei besten Regeln im Bereich der Waffenselbstverteidigung:

1. Schnell weglaufen!
2. Schnell weglaufen!
3. Schnell weglaufen!

Weglaufen ist keine Feigheit, sondern Cleverness. Nicht immer bietet sich die Chance, durch rechtzeitige Flucht einem Angriff zu entgehen, daher ist es sinnvoll, Techniken zu erlernen, die es einem ermöglichen, die Wahrscheinlichkeit zu erhöhen, einen solchen Angriff zu überleben. Die besten Prinzipien im Bereich der Waffenabwehr bieten meines Erachtens die philippinischen Systeme/Stile (Arnis, Kali, Eskrima …). Im Bodenkampf haben sich Sportarten wie das brasilianische Jiu-Jitsu (z. B. der Familie Gracie oder Machado) oder auch das Luta-Livre empfohlen. Für den Distanzkampf eignet sich das Muay Thai oder Kickboxen. Optimal wäre ein Mix dieser Sportarten. Vor 20 Jahren war mir dies so im Detail noch nicht bewusst. Ich suchte ein Selbstverteidigungssystem, das mir eine Lösungsmöglichkeit in wirklich allen Distanzen und auch gegen Waffenangriffe bot und das war nun mal das Ju-Jutsu. Das Ju-Jutsu entstand 1969 aus vielen guten Techniken, im Wesentlichen aus den Sportarten Judo, Karate und Aikido. Genaueres findet man im Kapitel „Was bedeutet Ju-Jutsu?".

Ju-Jutsu hatte aber zur damaligen Zeit nicht das Format, das es heute besitzt. Wenn ich von Ju-Jutsu spreche, dann meine ich das Ju-Jutsu des Deutschen Ju-Jutsu-Verbandes e. V. (im Folgenden DJJV genannt), wo ich seit 1997 den Rang eines Großmeisters habe. Es gibt noch einige andere Verbände, die ihr eigenes Ju-Jutsu betreiben, jedoch sind diese meines Wissens nicht Mitglied im Deutschen Olympischen Sportbund (DOSB) und sie haben auch nicht die Mitgliederzahlen wie der DJJV (ca. 60.000). Zur Zeit bin ich ebenfalls der Technische Direktor für Combat Ju-Jutsu der All Japan Ju-Jitsu International Federation und habe dort den Rang eines Shihan und den 7. Dan.

Das Ju-Jutsu des DJJV wurde im Jahre 2000 neu überarbeitet und hier sind nun unter anderem die Erkenntnisse der philippinischen, brasilianischen und russischen Systeme mit eingegangen. Bernd Hillebrand, 7. Dan Ju-Jutsu, war zu diesem Zeitpunkt der Technische Direktor des DJJV und hat mit einem Team von ihm ausgewählter Ju-Jutsuka dieses neue Programm erarbeitet.

Diese Sportart gehört nun wieder zu den komplettesten Systemen, wenn es um eine umfassende Ausbildung in einer Selbstverteidigungssportart geht. Der Vorteil dieser Sportart besteht darin, dass sie immer wieder überarbeitet wird, wenn festgestellt wird, dass sich eine Technik/Übungsform für die Praxis als untauglich erweist. Anders verhält es sich mit traditionellen Sportarten, die auf ihren Techniken/Übungsformen beharren, weil sie irgendwann von einem Meister in einer bestimmten Art gezeigt wurden, obwohl man nach heutiger Erkenntnis weiß, dass sie zum Teil unwirksam oder nicht optimal sind. Aber auch das Ju-Jutsu muss noch weiterentwickelt werden. Dazu habe ich im Laufe des Buchs einige Vorschläge gemacht.

Das Ju-Jutsu kann auf Grund der Fülle nur ein paar Techniken/Prinzipien einer anderen Sportart integrieren, sonst würde das Prüfungsprogramm zu groß werden und wäre nicht mehr vermittelbar. Deshalb erweist es sich als sinnvoll, noch einige andere Sportarten zu trainieren, um sich in verschiedenen Bereichen zu spezialisieren. Im Waffenbereich nehme ich seit vielen Jahren Unterricht bei Jeff Espinous, dem Gründer der Sportart Kali-Sikaran und Technischen Direktor der IKAEF, sowie bei dessen Schüler Timm Blaschke. Auch habe ich bei vielen anderen gelernt, wie Bob Breen, Mike Inay, Emanuel Hart, Paul Vunak, Thomas Cruse u.v.a. Jeff und Timm sind jedoch die Lehrer, bei denen ich einige Jahre regelmäßig Unterricht genommen habe.

Mit dem Bodenkampf kam ich das erste Mal 1996 durch Thomas Cruse (1. Dan BJJ und damaliger Vizepräsident PFS) in Kontakt. Im alten JJ-Prüfungsprogramm wurden nur wenige Techniken für den Bodenkampf vermittelt. Tom ist Dan-Träger im Brazilian Jiu-

Jitsu und hat mich damals sehr beeindruckt. Nach dieser Begegnung suchte ich dann auch hier nach speziellen Lehrgängen und habe mittlerweile bei einigen Toptrainern trainieren dürfen. Unter anderen bei Roy Harris (Dan-Träger im BJJ), August Wallén (Headcoach Shootfighting) und bei Andreas Schmidt, dem Headcoach der European Luta-Livre Organization, wo ich Luta-Livre-Lehrer bin.

Anfang der 90er Jahre habe ich Bernd Hillebrand (ehemaliger Technischer Direktor des DJJV) zum ersten Mal bei einem Lehrgang im bayerischen Oberhaching kennen gelernt. Er veränderte mein Denken in Sachen Kampfsport damals total. Die Art, wie er referierte und wie er sich als Trainer gab und gibt, begeistert mich noch heute, sodass ich ihn, nicht nur im Bereich des Ju-Jutsu, für mich als persönliches Vorbild sehe. Mittlerweile präsentiert Bernd riesige Mind Maps (Buchtipp: *Mind Maps* von Tony Buzan) auf seinen Lehrgängen und es ist für mich immer wieder erstaunlich, wie professionell er vorbereitet ist bzw. wie perfekt er die Inhalte präsentiert. Hier kann ich jedem nur empfehlen, einen seiner Lehrgänge zu besuchen und, wie schon geschrieben, nicht nur auf die Techniken, sondern besonders auf seine Trainingsmethoden zu achten. Der neue jetzige Technische Direktor Joe Thumfart ist, meines Erachtens, die optimale Neubesetzung dieses Amtes, nachdem Bernd sich einer erneuten Kandidatur nicht gestellt hat.

Im Bereich des Ju-Jutsu besuchte ich viele Lehrgänge, sodass ich von vielen Trainern lernen durfte. Sie hier alle im Einzelnen zu nennen, würde den Rahmen sprengen. Es waren aber viele erfolgreiche Meister im Ju-Jutsu dabei.

Auch möchte ich meinen Schülern Saskia Braun (meine Tochter), Luca Bongiovanni und Joey Luckas danken, die mir bei den Fotoarbeiten geholfen haben.

Dem Präsidium des DJJV e. V. möchte ich dafür danken, dass ich die original Texte aus dem Ju-Jutsu-Einmaleins für dieses Buch benutzen darf.

Frankenthal im März 2008, Christian Braun
www.fight-academy.eu

# Du oder Sie?

Lieber Leser und liebe Leserin, wir Sportler sind untereinander „per Du". Um diesen Text einfach zu halten, möchte ich ab dieser Stelle auf das „Sie" verzichten. Auch benutze ich auf Grund der Einfachheit die männliche Schreibweise. Das ist nicht diskriminierend gegenüber meinen Leserinnen gemeint!

# Für wen ist dieses Buch?

In erster Linie wird dieses Buch von Kindern und Jugendlichen genutzt werden, die sich auf den Gelbgurt vorbereiten. Bestimmt werden auch viele Übungsleiter dieses Buch für die Ausbildung der Kinder und Jugendlichen nutzen. Dieses Buch ist aber auch für Eltern gedacht, die auf der Suche nach einer Selbstverteidigungssportart sind oder auch für diejenigen, die sich schon für das Ju-Jutsu entschieden haben. Persönlich ist es mir sehr wichtig, dass du dir den ersten Teil durchliest. Hier geht es um die Etikette, die richtige Kleidung, Sauberkeit, Gesundheit und ein paar Gedanken zur Tätigkeit eines Übungsleiters und über das Ju-Jutsu.

# I Ju-Jutsu und Etikette

## 1 Was bedeutet Ju-Jutsu?

*Ju-Jutsu* bedeutet sinngemäß übersetzt: *die hohe Kunst, durch Nachgeben zu siegen*. Die Wurzel dieses Systems bildet die Kampfkunst Jiu-Jitsu, die von den Samurai als waffenlose Selbstverteidigung praktiziert wurde. Sie bestand im Groben aus Wurf-, Hebel- und Atemitechniken (Schlag- und Tritttechniken). Verschiedene Persönlichkeiten haben aus dem System Jiu-Jitsu einzelne Technikgruppen herausgenommen und neue Kampfsportarten, wie z. B. das Judo (Würfe), entwickelt. So sind viele der Kampfsportarten auf das Jiu-Jitsu zurückzuführen.

Gegen Ende der 60er Jahre des 20. Jahrhunderts wurden hohe Dan-Träger aus verschiedenen Kampfsportsystemen damit beauftragt, eine neue, zeitgemäße Selbstverteidigungssportart zu schaffen. So entstand 1969 die Sportart Ju-Jutsu, die anfangs eine Sparte des Deutschen Judo-Bundes war, bevor der Deutsche Ju-Jutsu-Verband gegründet wurde und somit die Sportart selbstständig wurde. Werner Heim und Franz Josef Gresch gehörten als Mitglieder dieser Kommission an.

Ju-Jutsu entstand im Wesentlichen aus den besten Technikelementen der japanischen Sportarten Judo, Karate und Aikido. Dieses System wurde immer wieder geringfügig angepasst, bis es im Jahre 2000 zu einer größeren Änderung kam. Die Sportart Ju-Jutsu lebt seit Bestehen davon, dass effektive Techniken aus anderen Kampfsportarten in das Ju-Jutsu integriert wurden. Waren es früher mehr Techniken aus den japanischen Systemen (Judo, Karate, Aikido, ...), so gewannen im Jahr 2000 auch philippinische Systeme wie Kali, Arnis oder Eskrima im Waffenbereich und russische (Sambo), brasilianische Systeme (Brazilian Jiu-Jitsu und Luta-Livre) im Bereich „Übergang Stand-Boden" und „Bodentechniken" an Einfluss. Die Kettenfauststöße, der Stoppfußstoß, die Abwehrfolge im Dreierkontakt (Hubud) und die Weiterführung nach abgewehrter Atemitechnik (in der Fachsprache der entsprechenden Sportarten Trapping genannt) stammen aus dem Wing Tsun (auch andere Schreibweisen), Jeet Kune Do oder auch Kali. Der Schienbeintritt (Low Kick) kommt aus dem Muay Thai und ist auch eine sehr effektive Technik. Auch Übungsformen aus dem Boxen und Kickboxen haben Einzug gehalten.

Alles in allem bietet das aktuelle Ju-Jutsu-Prüfungsprogramm, das unter der Regie des ehemaligen Technischen Direktors Bernd Hillebrand entstand und mittlerweile von einem Team um Joe (Joachim) Thumfart weiterentwickelt wurde, ein sehr effektives und gut durchdachtes Selbstverteidigungssystem.

Bruce Lee sagte einmal: „Absorb what is useful". „Benutze bzw. nimm auf, was anwendbar ist", unter diesen Gedanken scheint das Ju-Jutsu seit seiner Gründung zu wachsen. Ju-Jutsu deckt den Kampf über alle Distanzen (Kick-, Box-, Wurf- und Bodendistanz, Trapping) ab, gibt Lösungen für die Überbrückung der Distanzen und die Verteidigung gegen Waffenangriffe (Pistole, Stock und Messer). Es gilt als Ausbildungsbestandteil der Polizei und des Bundesgrenzschutzes. Außerdem ist es weit verbreitet und kostengünstig zu erlernen. Es besteht die Möglichkeit, eine qualifizierte und kostengünstige Übungsleiter-/Trainer-/Lehrerausbildung zu absolvieren. Nach dem Erlangen der Trainer-A-Lizenz besteht die Möglichkeit, sich für ein Studium zum Diplomtrainer zu bewerben. Im Bereich der Jugendarbeit wird sehr viel getan. Auch hier findet eine qualifizierte Jugendleiterausbildung statt. Regelmäßig werden für Kinder und Jugendliche attraktive mehrtägige Lehrgänge (z. B. in Verbindung mit Skifreizeiten) angeboten. Eine geeignete Trainingsstätte kann man unter der Homepage des Deutschen Ju-Jutsu-Verbandes www.ju-jutsu.de finden. Hier gibt es eine Seite mit einer Deutschlandkarte, auf der man einen entsprechenden Landesverband per Mausklick auswählen kann. Dort erhält man dann in der Regel weitere Informationen über Vereine und deren Ansprechpartner. Auf der Seite des DJJV findet man auch weitere Informationen über den Bereich der Jugendarbeit. Du kannst dich aber auch direkt an mich wenden und mir eine E-Mail schreiben an:

christian.braun@fight-academy.eu

# 2    Etikette

Die Etikette gliedert sich für mich persönlich in vier große Bereiche:

* Verhalten im Dojo,
* Disziplin,
* Sauberkeit und
* Loyalität.

Nachdem ein an der Sportart Ju-Jutsu oder an einer Selbstverteidigungssportart Interessierter die Information erhalten hat, wo und wann ein Ju-Jutsu-Training stattfindet, kommt er beim Betreten des Übungsraums (im Folgenden *Dojo* genannt) zum ersten Mal mit der Etikette in Berührung.

Sofern der Trainierende nicht an einem Probetraining teilnimmt, wird er einen *Gi* (Ju-Jutsu-Anzug) und einen Gürtel benötigen. Am Anfang ist der Gürtel weiß. Zu den weiteren Graduierungen werde ich später etwas ausführen. Mittlerweile ist es zwar oft geduldet, dass die Anzüge auch bunt sind. Offiziell hat der Gi jedoch weiß zu sein. Für die unterschiedlichen Kampfsportarten wie Ju-Jutsu, Karte, Judo, ... gibt es spezielle Anzüge. Beim Judo liegt der Schwerpunkt auf den Wurftechniken, d. h., der Anzug muss hier eine bessere Qualität haben als ein Anzug, der für das Karatetraining entwickelt wurde, wo keine (wenig) Würfe stattfinden. Welcher Anzug der Richtige ist, wird oft der Trainer vorschlagen. Bei mir trainieren die Schüler oft nicht im Gi, das ist jedoch nicht üblich. Das liegt daran, dass es mir persönlich wichtig ist, dass die Techniken auch mit wenig Kleidung (T-Shirt und kurze Hose) ausgeführt werden können, also praktikabel sind. Auch tragen wir im Training keine Gürtel mehr, was eine besondere Atmosphäre hat. Jeder trainiert mit jedem, es spielt keine Rolle, welchen Rang er innehat.

Die Anzüge werden oft von den Schulen/Vereinen verkauft. Du kannst einen Anzug auch über mich beziehen. Anfragen maile bitte an Christian.Braun@fight-academy.eu . Zur Sauberkeit des Gis werde ich noch kommen. Der Gürtel wird um den Bauch oder um die Hüfte gebunden. Wie man das richtig macht, beschreibe ich ebenfalls nach den Erklärungen zur Etikette.

Beim Betreten des Dojos verbeugt sich der Trainierende das erste Mal. Er bringt damit zum Ausdruck, dass er die Regeln des Dojos akzeptiert und mit einem „reinen Geist" zum Training kommt.

Im Dojo versammeln sich die Schüler und Meister. Wenn ein Wurftraining stattfindet oder ein Partner bei den Übungen in die Bodenlage gebracht wird, ist es meist sinnvoll, die Übungsmatten aufzubauen. Dies sollte von allen am Training Teilnehmenden (Schülern und Meistern) gemeinsam getan werden. Ein Zuspätkommen zum Training ist zu vermeiden. Sollte es doch einmal vorkommen, so sollte der Betroffene kurz zu seinem Trainer gehen, sich verbeugen, sich für die Verspätung entschuldigen und dann nach Zustimmung des Trainers am Trainingsbetrieb teilnehmen.

Aber gehen wir noch einmal einen kleinen Schritt zurück. Die Matte wurde im besten Fall von allen gemeinsam aufgebaut. Nun betritt zuerst der Trainer die Matte. Sofern er den schwarzen Gürtel trägt, kann er mit *Sensei* (steht im Japanischen für „Lehrer" bzw. „Trainer") angesprochen werden. In manchen japanischen Kampfsportarten wird erst der Großmeister (ab 5. Dan) mit „Sensei" angesprochen. Andere haben auch andere Titel wie „Renshi", „Kyoshi", „Shihan" oder Ähnliche. Im Ju-Jutsu innerhalb des Deutschen Ju-Jutsu-Verbandes (im Folgenden DJJV genannt) werden diese Titel nicht vergeben.

Wird in einem Dojo großer Wert auf die Einhaltung der Etikette gelegt, so wird der Sensei niemals mit Vornamen angesprochen. Auch sollte in diesem Fall ein Mindestabstand von ca. 1 m zum Sensei eingehalten werden, wenn man ihn anspricht. Zuvor kommt selbstverständlich eine Verbeugung. Sollte der Sensei einem Schüler die Ehre geben, ihn als Vorführpartner auszuwählen, so kniet der Schüler sofort auf ein Knie ab, sobald der Sensei eine Erklärung an die Gruppe abgibt. Wenn der Schüler merkt, dass der Sensei wieder eine Technik demonstrieren möchte, so steht er auf, verbeugt sich und wartet auf Anweisungen. Ich selbst bin nicht sehr traditionell eingestellt und bei mir in meinem Dojo ist es normal, dass mich alle mit dem Vornamen ansprechen. Das sollte jedoch jeder Sensei für sich und sein Dojo selbst bestimmen. Wenn ich in ein fremdes Dojo gehe, ist es selbstverständlich, dass ich mich an die vorgegebenen Regeln halte.

Nachdem der Sensei die Matte betreten hat, folgen die anderen Meister und Schüler. Sobald beide Füße auf der Matte sind, erfolgt ein kurzes Verbeugen. Damit zeigt man an, dass man sich auf das Trainieren vorbereitet hat und versucht, sein Bestes zu geben. Das Gleiche erfolgt beim Verlassen der Matte.

Bevor es aber losgeht, stellen sich der Sensei, die Schüler und Meister wie folgt auf: In der Mitte der Matte steht der Sensei. Vor ihm stehen die Schüler und links von ihm die Meister. Sie stehen nach Rangfolge geordnet. Im Bereich der Schwarzgurte (Dan-Träger) hat es sich nach meinem Empfinden so eingespielt, dass hier die Dan-Träger nicht in der Rangfolge stehen müssen, zudem viele Dan-Träger keine „Balken" zur Erkennung ihres

Grades auf dem schwarzen Gürtel haben. Im Schülerbereich ist es jedoch ganz klar, dass zuerst die Braun-, danach Blau-, Grün-, Orange-, Gelb- und zum Schluss die Weißgurte stehen. Zu Beginn und Ende jedes Trainings wird an- bzw. abgegrüßt. Dies kann im Stehen oder auch im Knien erfolgen. Sollte der Sensei z. B. aus Zeitgründen im Stand angrüßen, so gibt er dem Höchstgraduierten bzw. dem an erster Stelle Stehenden ein kurzes Zeichen. Dieser grüßt den Sensei mit dem Worten: „Sensei ni rei", an. Der Sensei sowie die Meister und Schüler lassen die Arme an der jeweiligen Körperseite nach unten hängen, die Handflächen liegen auf der Hosennaht. Nun ziehen sie das linke Bein zum rechten Bein und machen eine kurze Verbeugung. Danach kann es mit dem Trainingsbetrieb losgehen. Dieses Ritual ist in vielen Dojos geringfügig unterschiedlich.

Traditioneller und auch aufwändiger ist das Angrüßen mit Abknien, was ich persönlich aber auch sehr gerne mache, weil ich die Zeit nutze, um mich ganz auf das kommende Training zu konzentrieren oder das gegebene Training ausklingen zu lassen. Der Sensei gibt kurz das Kommando: „Seisa." Wenn es nun ganz traditionell sein soll, dann dreht er sich leicht nach rechts und kniet auf dem linken Knie ab. Das seitliche Abdrehen hat historische Gründe. Früher trugen die Samurai schwere Rüstungen. Wenn sie sich einfach nach vorn hingekniet hätten, wären sie seitlich umgefallen. Das linke Bein wird zuerst genommen, da die Samurai das Schwert auf der linken Seite trugen. Sollte der Gegner, der sich ihnen bei einer Besprechung gegenüber befunden hat, sein Schwert ziehen, so waren sie jederzeit bereit, dies auch zu tun. Nach dem linken Bein folgt nun das rechte Bein. Die Zehen sind dabei auf dem Boden aufgesetzt. Der Sensei senkt nun das Gesäß, als wollte er sich auf die Fersen setzen, hebt es nach dem Erreichen der Endstellung wieder kurz an, um die Füße nun flach auf den Boden zu legen und sich abzusetzen. Erst jetzt kommen die Meister und Schüler an die Reihe. Im DJJV setzen sie sich gemeinsam ab. In anderen japanischen Sportarten, wie z. B. in manchen Jiu-Jitsu-Organisationen, erfolgt das Anknien der Reihe nach: vom Höchst- zum Niederstgraduierten.

Der an vorderster Stelle Kniende gibt das Kommando: „Mokuso." Nun schließen alle die Augen und bereiten sich mental auf das Training vor bzw. beim Abgrüßen lässt man die Trainingseinheit noch einmal kurz Revue passieren. Nach ca. einer Minute gibt die gleiche Person das Kommando: „Mokuso jea mei (kurze Pause). Sensei ni rei." Der erste Teil beendet die Konzentrationsphase und der zweite Teil grüßt den Lehrer. Nun verbeugen sich Sensei, Meister und Schüler. Zuerst wird die linke Hand nach vorn leicht schräg (d. h. ca. 45° nach links vorn) auf der Matte positioniert. Die linke Hand wieder deshalb, damit der Samurai mit der rechten Hand im Notfall noch das Schwert ziehen konnte. Danach folgt die rechte Hand. Wenn beide Handflächen (eigentlich sind es eher die Finger) sich auf der Matte befinden, folgt ein kurzes gegenseitiges Verbeugen, dabei beobachtete der Samurai jedoch immer sein Gegenüber und ließ ihm keine Gelegenheit, ihn mit einem Angriff zu überraschen. Nun wird wieder die rechte Hand zum rechten Oberschenkel geführt (aus dem gleichen Grund, wie oben beschrieben), dann die linke Hand auf den linken Oberschenkel. Der Sensei hebt sein Gesäß kurz an, stellt die Zehen wieder auf den Boden, senkt das Gesäß noch einmal kurz, bevor er sein rechtes Bein zuerst schräg nach rechts vorn aufstellt. Es folgt das linke Bein. Sobald der Sensei richtig steht und erst dann, vollziehen auch die übrigen Meister und Schüler dieses Ritual. Es folgt im Stand eine kurze Verbeugung, bei der die Teilnehmer das linke Bein an das rechte Bein heranziehen. Danach kann die Trainingseinheit beginnen bzw. endet das Training. Eine weitere Verbeugung erfolgt, wenn man mit einem Partner zusammengeht, um z. B. eine gemeinsame Übung durchzuführen. Hier symbolisiert dieses Verneigen den Respekt voreinander und teilt ihm mit: „Danke, dass du mit mir übst bzw. dass du mit mir geübt hast."

Der zweite große Bereich ist für mich die „Disziplin". Wichtig ist hier vor allem das Bestreben des Schülers, pünktlich zu erscheinen bzw. sich zu entschuldigen, falls er es nicht rechtzeitig zum Trainingsbeginn geschafft hat. Auch sollte er das Training nicht vorzeitig verlassen, sondern mit allen anderen die Übungsmatten abbauen. Ein weiterer Punkt ist die regelmäßige Teilnahme am Training. Als Trainer fällt es mir oft sehr schwer, pünktlich zum Training zu erscheinen, doch ich setze alles daran, dass es klappt. Wenn dann nur wenige Schüler da sind und dann noch einer sagt, dass er im Moment keine Lust hat, frage ich mich oft, was aus der Etikette geworden ist. Es hat sich in den letzten 20 Jahre so einiges geändert. Oft sehen die Sportschulen-/Vereinsmitglieder den Sensei nicht als Respektsperson, sondern als günstigen Animateur an, dessen Übungseinheiten sie nutzen können oder auch nicht. Trotz allem Wandel hat sich in diesem Punkt gegenüber früher jedoch nicht viel verändert. Ein Schüler, der den Sensei nicht respektiert, braucht sich nicht zu wundern, von ihm nicht mehr trainiert zu werden.

Manche Sensei behalten die Sportpässe ihrer Schüler. Wenn ein Schüler zu einem Lehrgang möchte, muss er den Sensei fragen, ob es für ihn in Ordnung ist und falls ja, meldet ihn der Sensei zum Lehrgang an. Eine Ablehnung ist bei einem traditionell eingestellten Sensei nicht zu hinterfragen, sondern zu akzeptieren. In meinem Dojo können die Schüler in der Regel zu allen Lehrgängen gehen. Anmeldung zu Prüfungen müssen auch über den Sensei laufen. Im DJJV ist eine Anmeldung zu einer Prüfung nur über den Sensei bzw. den Sportschulen-/Vereinsvertreter möglich. In anderen Sportarten, wie z. B. Kali und Luta-Livre, können sich die Sportler selbst zur Prüfung anmelden. Wenn ein Sensei bzw. im Kali ein Guro, einem Schüler sagt, er solle nicht zur Prüfung gehen und dieser meldet sich trotzdem an, so ist dies für mich ein Beweis, dass das Verhältnis zwischen Sensei und Schüler gestört ist. In diesem Fall wird sich der Schüler wahrscheinlich einen neuen Sensei, Lehrer bzw. Guro suchen müssen.

Während der Trainingseinheit sollte mit Ruhe und Konzentration trainiert werden. Der Partner sollte immer mit Respekt behandelt und die Techniken mit Kontrolle ausgeführt werden. Übt ein Schüler einmal nicht, so setzt er sich in dieser Zeit still am Mattenrand ab. Gibt der Partner bei einer Übung durch „Abklopfen" oder Rufen zu verstehen, dass er aufgibt bzw. dass er Schmerzen hat, so ist der Griff sofort zu lösen bzw. die Technikfolge abzubrechen. Ein Herumliegen eines Schülers auf der Matte ist nicht zu akzeptieren und kann mit einem Trainingsausschluss bestraft werden.

Anweisungen des Senseis sind unbedingt Folge zu leisten. Weiterhin hat ein Schüler (auch als Dan-Träger) gegenüber einem anderen jegliche Belehrungen zu unterlassen, außer, wenn er vom Sensei direkt beauftragt wurde. Die vorgegebenen Übungen sind durchzuführen. Andere Übungen, die der Schüler gerne machen möchte, sollte er unterlassen. Sollte ein Schüler die Halle verlassen müssen (Gang zur Toilette, Verletzung, dringendes Telefonat), so gibt er dem Sensei kurz Bescheid. Grundsätzlich sollten Handys während einer Trainingseinheit ausgeschaltet bleiben. In dringenden Fällen (Bereitschaftsdienst, eventueller Anruf vom Babysitter) wird der Sensei mit Sicherheit Verständnis für die Situation haben.

Wird eine Technik demonstriert, so positioniert sich der Schüler so, dass er alles mitbekommt. Sprüche zum Sensei wie: „Dreh dich mal um", sind zu unterlassen und kommen bei den meisten nicht besonders gut an. Besonders, wenn der Schüler zu diesem Zeitpunkt noch auf der Matte liegt und vielleicht noch dazu Kaugummi kaut. Jegliches Essen während einer Trainingseinheit ist zu unterlassen. Außer, wenn dies durch eine Krankheit, wie z. B. Zuckerkrankheit, erforderlich ist. Manche Sensei akzeptieren auch nicht, dass während ihrer Einheit getrunken wird. Andere akzeptieren es, es sollte jedoch nicht auf der Matte stattfinden. Während er trinkt, sollte der Trainierende mit dem Rücken zur Matte stehen. Ich selbst richte in meinem Training kurze Trinkpausen ein oder gebe rechtzeitig Bescheid, wenn die Gruppe nach Belieben etwas trinken gehen kann. Bei manchen Übungen wirkt es jedoch störend, wenn die Trainierenden ständig von der Matte gehen, sodass ich in diesen Fällen die Trinkpausen vorgebe. Besonders in den Sommermonaten halte ich es für sehr wichtig, ausreichend zu trinken, deshalb lege ich auf diesen Punkt der Etikette nicht besonders großen Wert.

Im dritten Bereich geht es um die Sauberkeit. Nicht nur die Kleidung sollte sauber sein, sondern auch der Körper. Auch hierzu fällt mir eine kurze Geschichte ein. Ich hatte einen Schüler, der trug immer einen leicht gelben Gi (Anzug für Ju-Jutsu, Judo, Karate, ...). Nach ein paar Monaten kam dieser Schüler mit einem weißen Anzug zum Training. Ich fragte ihn, ob er sich einen neuen Anzug gekauft hätte und er verneinte dies mit dem

Zusatz, dass er seinen Gi gewaschen hätte. Da fragte ich mal vorsichtig nach, wie oft er denn den Gi waschen würde und er sagte mir, dass er dies alle 2-3 Monate tun würde. Der Gi ist nach einer Trainingseinheit gefüllt mit Schweiß und ist deshalb nach jedem Training zu waschen. Sollte ein Anfänger nur einen Gi haben und in der Woche mehrere Trainingstage absolvieren, so sollte er den Gi zumindest am Wochenende waschen, damit dieser dann für die Einheiten der nächste Woche wieder frisch ist. Auch wenn die Trainingseinheit körperlich nicht anspruchsvoll war, kann der Gi noch einmal getragen werden. Ich selbst trage meinen Gi in der Regel nur einmal.

Es ist vorgegeben, dass der Ju-Jutsu-Gi weiß sein muss. Frauen sollten ein weißes T-Shirt daruntertragen. Männer tragen kein T-Shirt. Mir persönlich ist es egal, ob in meinen Einheiten ein männlicher Teilnehmer ein T-Shirt trägt, bei den Wettkämpfen ist dies jedoch verboten. Gerade in den Wintermonaten ist es oft sehr kalt und da habe ich Verständnis dafür, wenn auch männliche Teilnehmer ein T-Shirt unter der Gi-Jacke tragen. Es wird meines Erachtens mittlerweile toleriert, dass bei mehrtägigen Veranstaltungen, wie z. B. auf dem Bundesseminar des DJJV, ordnungsgemäß, d. h. in korrekter Kleiderordnung, angegrüßt und genauso am letzten Tag ordnungsgemäß abgegrüßt wird. In den Einheiten dazwischen steht es dem Referenten frei, hier Auflagen zu machen. Wenn keine Würfe in der Einheit stattfinden bzw. für die Ausführung der Würfe kein Gi benötigt wird, kann bei vielen Referenten auch mit einem T-Shirt und Hose trainiert werden.

Auch auf die Farben des Gis/der Hose (blau, schwarz, manchmal sogar grün und rot) wird von vielen Referenten innerhalb der Zwischeneinheiten kein großer Wert gelegt. Ich persönlich finde diese lockere Handhabung sehr gut. Andere wiederum legen großen Wert auf die Etikette und möchten, dass zu jeder Zeit in korrekter Kleidung trainiert wird. Deshalb sollte der Trainierende vorher den Sensei fragen, ob er von der Kleiderordnung abweichen könnte. Auch einige Sensei tragen mittlerweile einen blauen Gi in ihren Einheiten, oft mit der Begründung, dass man gleich erkennen kann, wo er sich auf der Matte befindet. Es entspricht jedoch nicht der offiziellen Regelung und wird zur Zeit nur geduldet. Weiterhin ist darauf zu achten, dass außer dem Hersteller des Gis und dem Abzeichen der Kaderzugehörigkeit und eventuell des Landesverbandes keine Aufnäher den Anzug zieren. Genaueres ist in der Kleiderordnung im Ju-Jutsu-Einmaleins geregelt. Es sollten auf alle Fälle keine Aufnäher auf dem Gi sein, die eine politische Meinung wiedergeben.

Nicht nur Anzug und Gürtel, sondern auch der Körper sollte sauber sein. Es ist üblich, dass der Trainierende sich vor Betreten der Matte die Füße wäscht bzw. die Matte nur mit geeigneten und sauberen Schuhen betritt. Mattenschuhe werden von vielen noch immer nicht gerne gesehen. Es gibt jedoch Gründe, die für Mattenschuhe sprechen.

Bei Zuckerkranken heilen verletzte Füße unter Umständen sehr schlecht. Wenn Dornwarzen vorliegen, wäre eine Teilnahme am Training nicht möglich, da die Ansteckungsgefahr zu groß ist. Bei Verletzungen der Zehen ist ein Training mit einem Schuh möglich, ohne eher schwierig.

Mit dem neuen Prüfungsprogramm haben Techniken der philippinischen Kampfkünste (Arnis, Kali oder Eskrima) Einzug gehalten. Wurde vor ca. 20 Jahren noch mit einem Gummimesser trainiert, so ist dieses Übungsmittel vielleicht noch im Duo-Wettkampf (weniger Verletzungen) einzusetzen.

Ein Gummimesser lässt sich schwer bzw. gar nicht aus der Hand des Übungspartners heraushebeln. Dazu verwendet man heute Aluminiummesser, eventuell auch Holzmesser. Das Gummimesser hat für mich noch Sinn im Jugendtraining und im Duo-Wettkampf. Ansonsten noch im Karneval, wenn sich die Kinder als Indianer verkleiden. Es ist zum Teil ziemlich unangenehm, wenn ein Aluminiummesser auf den Fuß fällt, deshalb tragen z. B. Sportler, die die philippinischen Systeme trainieren, oft Ringerstiefel. Diese Mattenschuhe sieht man seit ein paar Jahren unter anderem auf vielen Ju-Jutsu-Veranstaltungen. Es ist sinnvoll, auch in diesem Fall vor dem Trainingsbeginn mit dem Sensei abzuklären, wie seine Einstellung dazu ist, bzw. ob er es genehmigt.

Hand- und Fußnägel sollten so geschnitten sein, dass der Übungspartner nicht verletzt wird. Frauen sollten sich vor dem Training abschminken bzw. dafür Sorge tragen, dass die Schminke nicht den Anzug des Übungspartners verunstaltet. Ich selbst hatte einmal große Probleme, nach einer Übung mit einer stark geschminkten Teilnehmerin, die Farbenpracht wieder aus meinem Anzug zu bekommen. Auch neue, farbige Anzüge sollten erst ein paar Mal gewaschen werden, bevor sie im Training getragen werden, da auch sie auf helle Anzüge abfärben können. Auch hier habe ich schon die tollsten Ergebnisse gesehen. Schmuck sollte am besten zu Hause gelassen werden. Ist es nicht möglich, den Schmuck auszuziehen, weil z. B. ein Ohrring frisch gestochen wurde, so sollte er abgeklebt werden. Trotz dem Abkleben bleibt ein erhöhtes Verletzungsrisiko. Der Sensei wird hier vorgeben, wie zu verfahren ist. Manche Sensei werden darauf bestehen, dass der Trainierende so lange mit dem Training aussetzt, bis der Ring wieder während der Übungseinheit entfernt werden kann. Im Bereich des Bodenkampfs besteht für die Ohren eine große Verletzungsgefahr, wenn ein Ohrring getragen wird, insofern lässt sich eine ablehnende Haltung eines Sensei gut nachvollziehen.

Der für mich letzte und vierte Bereich ist die Loyalität gegenüber dem Trainer, Verein und Sportfachverband. Wird ein anderer Kampfkunstverband vom DJJV zum Konkurrenzverband erklärt, so wird von einem Mitglied des DJJV erwartet, dass er von Veranstaltungen des anderen Verbandes fernbleibt. Ansonsten könnte es sein, dass er mit Konsequenzen rechnen muss. Ein Schüler sollte immer daran denken, von wem er etwas gelernt hat und zu seinem Trainer bzw. seinen Trainern stehen. Es ist, wie schon oben beschrieben, nicht üblich, dass sich Schüler allein zu Lehrgängen anmelden. Hier ist es laut Etikette normalerweise so geregelt, dass der Schüler das Einverständnis des Trainers einholt. Das Gleiche gilt für die Teilnahme an einer Prüfung oder für die Teilnahme an einer Trainingseinheit in einem anderen Verein/Schule. Ein klärendes Gespräch im Vorfeld mit dem Sensei hilft auch in diesem Fall, Differenzen zu vermeiden. Ich selbst habe am 6.6.2006 meine eigene Sportschule, die Fight Academy Christian Braun in Ludwigshafen am Rhein, gegründet. Es hat mich wirklich stolz gemacht, dass bis auf wenige Ausnahmen meine Schüler trotz der höheren Sportschulpreise mit mir gegangen sind und mir so ihre Loyalität bewiesen haben.

Viele der beschriebenen Dinge sind für einen rein auf Freizeitsport eingestellten Menschen nicht nachvollziehbar bzw. akzeptabel. Kampfsport, ob er japanischer, philippinischer oder spanischer Herkunft (Aufzählung ist nur beispielhaft) ist, hat nun mal andere Regeln. Wobei viele Dinge in anderen Sportarten auch zu finden ist. Zum Beispiel stellen sich die Fußballer bei einem Länderspiel in einer Reihe auf und nachdem die Nationalhymnen gespielt wurden, geben sich die Spieler die Hand, bevor sie mit dem Spiel beginnen. Auch dies ist eine Art Etikette. Unregelmäßige oder verspätete Teilnahme am Training wird in vielen Bereichen geahndet.

Die meisten Kampfsporttrainer werden, im Vergleich zu anderen Sportarten, sehr schlecht für ihre Leistungen vergütet, deshalb erwarten sie von einem Schüler, dass er zumindest die Disziplin hat und regelmäßig zum Training kommt, lernbereit ist und versucht, besser zu werden. Selbst war ich fast 20 Jahre als Übungsleiter in Vereinen tätig, bevor ich meine eigene Schule gründete.

Als Sensei nehme ich oft Probleme, die im Training nicht gelöst werden konnten (z. B. ein Schüler war nicht in der Lage, eine bestimmte Technik auszuführen), mit „ins Bett". Irgendwann in der Nacht habe ich die Lösung für das Problem gefunden und würde am liebsten mit dem Schüler wieder ins Dojo fahren, um den Fehler zu beheben.

Das Verhältnis zwischen einem Sensei und einem „richtigen" Schüler ist wie ein Vater-Sohn- bzw. Vater-Tochter-Verhältnis. Nach ein paar Trainingsjahren werden die „Kinder" erwachsen und haben eigene Ideen, die sie auch im Training umsetzen wollen. Nur sollte der „junge Erwachsene" vorher mit dem „Vater" oder der „Mutter" reden, damit es nicht zu Differenzen kommt.

# 3 Prüfungsprogramm und Wettkampf

Ju-Jutsu besteht für mich aus mehreren Säulen:

- Prüfungsprogramm,
- Wettkampf:
  - Duo,
  - Fighting,
  - Formen und
- Selbstverteidigung.

Das Prüfungsprogramm ist festgelegt. Hier ist festgelegt, welche Techniken für eine bestimmte Graduierung gezeigt werden müssen, wie das Mindestalter oder die Wartezeit ist. Für den Wettkampfsport gibt es auch diverse Ordnungen. Auch hier ist alles festgelegt.

Ein Baum hat Wurzeln, einen Stamm, Äste und Früchte. Für mich sind die Ju-Jutsu-Techniken die Früchte. Ein toller Wurf, ein toller Tritt, eine tolle Hebeltechnik. Das Wichtigste aber sind die Methoden, was die Wurzeln des Ju-Jutsu sind. Diese sollten nach meiner Meinung noch formuliert werden. Sicherlich hat jeder Trainer sein eigenes Konzept. Allgemein vermisse ich so etwas aber noch.

Es gibt zum Beispiel vier Distanzen:

- Kick-/Trittdistanz,
- Boxdistanz,
- Trapping (Fesseln) und
- Grappling (Würfe und Bodentechniken).

Wie könnte man die einzelnen Distanzen definieren? Wenn man mit dem ausgestreckten Bein den Gegner berühren kann, spricht man von der **Kick-/Trittdistanz**. Sofern man mit der ausgestreckten Hand die Nase berühren kann, ist man in der **Boxdistanz**. Sobald man das Ohr mit einer Hand berühren kann, ist man in der **Trappingdistanz** und wenn es möglich ist, eine Hand um den Nacken des Gegners zu positionieren, spricht man von der **Grapplingdistanz**. Diese Definition habe ich von Paul Vunak, dem Gründer des Progressive Fighting Systems, übernommen.

Wie kann man die Distanz überbrücken? Wie verteidigt man sich gegen einen Boxer oder Ringer? Was sind die Stärken meines Gegners und was sind meine eigenen Stärken?

Auf diese Fragen sollten die Konzepte einer Kampfkunstart Antworten haben. Diese Dinge werden in der Trainerausbildung vermittelt. Sie gehören für mich zu den absoluten Grundlagen und sollten im Ju-Jutsu-Einmaleins vorhanden sein.

Im meinem Buch *Free Fight – Kampf ohne Regeln*, erschienen 2006 bei Meyer und Meyer, habe ich mich intensiv mit dieser Thematik auseinandergesetzt.

Der Begriff *Trapping (Fesseln)*, kommt im Prüfungsprogramm Ju-Jutsu nicht vor. Die *Abwehrfolge im Dreierkontakt* beschäftigt sich mit dieser Thematik. Andere Sportarten, wie das Wing Tsun (auch andere Schreibweisen), legen sehr großen Wert auf diese Distanz und haben hier sehr ausgefeilte Konzepte. Das Trapping kommt aber auch im Grappling vor, indem der Arm des Angreifers z. B. mit einem Overhook (Umklammerung des Oberarms mit dem eigenen Arm) fixiert wird. Auch beim Boxen oder Muay Thai wird dieses „Fesseln" eingesetzt.

Je nach Ausgangssituation kann es sein, dass man sich aus der Trittdistanz zur Grapplingdistanz vorarbeiten muss. Es macht nicht viel Sinn, wenn beide Trainingspartner zu Anfang Tritttechniken ausführen, dann vereinbaren, dass sie boxen, dann abmachen, dass sie in die Trappingdistanz wechseln und dann nach Absprache in die Wurfdistanz gehen und am Boden weitertrainieren. Hier muss eine Methodik vorhanden sein, die ich im Ju-Jutsu noch nicht in schriftlicher Form finde. Jeder Trainer hat hier seine Konzepte. Es macht jedoch Sinn, ein einheitliches Konzept zu veröffentlichen.

Für eine effektive Selbstverteidigung ist es vonnöten, sich in allen Distanzen gut auszukennen. Ein Karateka, der nur in der Box- und Trittdistanz arbeitet, wird große Probleme bei einem Bodenkampf haben. Der Judoka, der im Wurf- und Bodenbereich einige Erfahrung hat, wird es nicht leicht gegen einen Boxer oder Karateka haben, der jeden Griffansatz mit einem Tritt oder Schlag beantwortet. Auch ist Judo für den Wettkampf und nicht für die Selbstverteidigung entwickelt worden, das merkt man daran, dass im Judo nicht daran gedacht wird, einem Gegner den Finger ins Auge zu stecken oder ihn zu beißen, wenn man sich in der Bodenlage befindet.

Leider finden sich Techniken wie das Beißen oder Kneifen auch nicht im Ju-Jutsu-Prüfungsprogramm, obwohl beide Techniken sehr effektiv sind. Was ich mit fehlender Methode meine, ist zum Beispiel Folgendes: Was lehrt uns das Ju-Jutsu-Prüfungsprogramm, wenn man auf dem Boden liegt und ein Gegner liegt auf uns? Der Ju-Jutsu-

Sportler lernt Würgetechniken, Schlagtechniken, Hebeltechniken oder auch Befreiungs-techniken, um sich aus dieser Lage zu befreien. Stell dir einmal vor, ein Mann wie ich mit ca. 120 kg liegt auf dir. Glaubst du ernsthaft, dass du mich mit Schlagtechniken oder auch durch eine Befreiungstechnik von dir herunterbekommst? Was könntest du also tun? Du umklammerst mich, sodass ich nicht mehr von dir herunterkomme und dann fängst du an, wie wild auf mich einzubeißen. Ein Biss erzeugt Schmerz, unent-wegtes Beißen erzeugt Panik. Dies habe ich von meinem Lehrer Paul Vunak gelernt. Erst wenn der Angreifer vor Schmerz bald verrückt wird, lösen wir den Haltegriff und er wird sich fluchtartig von uns entfernen. **Das ist ein Konzept!** Wenn keine Befreiung in der Bodenlage möglich ist, umklammere den Angreifer, sodass er nicht von dir he-runter-kommt und dann beiße auf ihn ein.

Auch fehlen mir gerade für Kinder die Kneiftechniken. Wenn ein Kind auf dem Schul-hof mit einem Kontaktangriff (Schwitzkasten, Umklamerungen, ...) angegriffen wird, ist das Kneifen eine sehr effektive Verteidigungstechnik. Die Methode wäre auch hier, so lange zu kneifen, bis der Angreifer losgelassen hat.

Es sind nicht die einzelnen Techniken (wie das Kneifen oder Beißen), die eine effektive Verteidigungssportart ausmachen, sondern die Methoden (die Wurzeln), die vermittelt werden müssen.

# II Das Prüfungsprogramm zum 5. Kyu (Gelbgurt)

## 1 Einleitung

Wurde noch im alten Ju-Jutsu-Prüfungsprogramm (vor dem Jahr 2000) die komplette Fallschule und die kompletten Aktivblöcke vermittelt und geprüft, so wird im aktuellen Programm nur noch auf das Wichtigste Wert gelegt. Die Fallschule wurde auf drei Gürtelgrade verteilt und die Aktivblöcke wurden in den Orangegurt (4. Kyu) verschoben, da zu deren erfolgreichem Einsatz ein gewisser Reflex vorhanden sein sollte. Beim Gelbgurt blieb im Bereich der „Fallschule" der Sturz seitwärts übrig. Dabei handelt es sich um den Sturz, der am häufigsten vorkommt.

Statt der oben erwähnten Aktivblöcke kamen die Passivblöcke. Sie unterstützen den natürlichen Reflex des Menschen, der einen Arm schützend vor den Kopf oder Körper hält, falls jemand versucht, ihn mittels Schlag oder Tritt zu verletzen. Anstatt des Hüftwurfs, der nun auch erst im Orangegurt vorkommt, hat das Beinstellen Einzug gehalten. Zum einen ist diese Technik leicht erlernbar (mancher Erwachsener hat sie schon als Junge auf dem Schulhof mehr oder weniger erfolgreich eingesetzt), zum anderen ist es für den Fallenden auch nicht so schwierig, sich abzufangen, als wenn er wie beim Hüftwurf über den Rücken geworfen wird. Für den Gelbgurt wird als Stellung die Verteidigungsstellung vermittelt. Im alten Prüfungsprogramm hieß diese noch neutrale Kampfstellung. Grundlegende Bewegungsformen wie das Ausweichen und die Schrittdrehungen werden ebenfalls vermittelt.

Seit ein paar Jahren werden Kämpfe ohne (oder mit nur wenigen) Regeln ausgeführt. Bei diesen Wettbewerben treten Kämpfer unterschiedlicher Stile gegeneinander an. Ein Fazit dieser Kämpfe war, dass ein Kämpfer ohne eine qualifizierte Ausbildung im Bodenkampf nur eine geringe Erfolgschance besaß. Der Bodenkampf ist die Spezialität des Gracie Jiu-Jitsus. Auf Grund der Wichtigkeit der Fähigkeiten im Bodenkampf haben viele Kampfsportsysteme ihr Programm um diese Techniken erweitert. Auch Sportarten wie das Wing Tsun (oder andere Schreibweise) haben zumindest einen „Antibodenkampf" eingeführt, obwohl hier früher davon ausgegangen wurde, dass ein ausgebildeter Kämpfer nicht in die Bodenlage gerät. Das Ju-Jutsu folgte diesen Entwicklungen und so zieht sich nun ein roter Faden im Bereich des Bodenkampfs (Fixieren, Befreien, Einsatz finaler Abschlusstechniken) durch das aktuelle Prüfungsprogramm. Bodenspezialisten aus dem Judo, Brazilian Jiu-Jitsu, Sambo und Luta-Livre haben hier ihr Wissen einfließen lassen. Im Bereich des Gelbgurts wird dem Schüler vermittelt, wie er einen Angreifer in der Bodenlage fixieren kann bzw. wie er auf Bewegungen des Angreifers mit Gewichtsverlagerungen reagieren kann.

Weiterhin werden erste Hebel- und Atemitechniken (Schlag- und Tritttechniken) vermittelt. Eine dieser Techniken, die nicht im alten Prüfungsprogramm vorkam, ist der Stoppfußstoß, eine sehr effektive Technik, die einen Angriff im Ansatz stoppen kann. Sie ist unter anderem auch im Wing Tsun (auch andere Schreibweisen) zu finden.

Ein weiterer Bereich führt den Schüler im Laufe seiner Ausbildung langsam an den echten Kampf heran. Im Bereich der „freien Anwendungsformen" wird Prüfung für Prüfung die Komplexität erhöht, bis sich für die Prüfung zum Schwarzgurt zwei Prüflinge mit Würfen, Schlag- und Tritttechniken im Stand und Boden einem Übungskampf unterziehen. Für die Prüfung zum Gelbgurt wird die erste dieser Übungsformen im Stand mit offenen Händen ausgeführt. Ziel ist es, den Partner mit der flachen Hand zu treffen (ohne Wirkungstreffer zu erzielen), sich effektiv zu bewegen und zu verhindern, selbst getroffen zu werden.

Im Folgenden habe ich pro geforderte Prüfungstechnik drei Beispiele aufgeführt. Dabei habe ich keine Angriffe mit Waffen gewählt, weil die im Bereich der Selbstverteidigung für Kinder noch keinen Stellenwert haben sollten. Bei den Kombinationen habe ich immer eine einfache, eine mittlere und eine anspruchsvolle Übung vorgestellt, sodass für die meisten Kinder etwas dabei sein sollte.

**Grundsätzliches:** Im Folgenden wird der Verteidiger mit „V" und der Angreifer/Gegner mit „A" abgekürzt.

# 2 Das Ju-Jutsu-Prüfungsprogramm für Kinder

Kinder haben die Möglichkeit, den Gelbgurt in bis zu drei Schritten zu absolvieren. In der ersten Stufe muss ein Drittel des Programms gezeigt werden. Nach bestandener Prüfung kann der Prüfling einen gelben Aufnäher an das Ende des weißen Gürtels annähen. Zur nächsten Prüfung muss dann zwei Drittel des Programms gezeigt werden. Sofern der Prüfling auch diese Prüfung bestanden hat, darf er den weiß-gelb gestreiften Gürtel tragen. Danach folgt dann die Prüfung zum gelben Gürtel, in der das gesamte Programm gezeigt werden muss.

Für die einzelnen Stufen gibt es Altersvorschläge. Manche Eltern sind sehr ehrgeizig und möchten, dass ihr Kind möglichst schnell die einzelnen Prüfungen ablegt. Bedenke jedoch, dass es für die höheren Gürtel (ab dem 2. Kyu Blaugurt) ein festes Mindestalter gibt (14 Jahre) und das Kind die Lust verlieren könnte, wenn es viele Jahre warten muss, um diese Prüfung abzulegen. Die Übungsleiter verfügen über die notwendige Erfahrung, in welchen zeitlichen Schritten die Prüfungen abgelegt werden sollten. Dazu kommt natürlich noch die Anwesenheit im Training. Ich erwarte, dass ein Kind 70 % der Zeit anwesend war. Mit den vielen Musik-, Nachhilfe-, Reit-, Tanz- und Gesangsstunden ist das für viele Kinder kaum noch machbar.

# 2.1    Bewegungsformen

Das Prinzip der Bewegungsformen beruht darauf, sich in einer Angriffssituation für eine erfolgreiche Verteidigung ökonomisch zu bewegen. Die Elemente der Bewegungsformen können einzeln oder zusammenhängend und dabei sinnvoll, mit Abwehr- und/oder Atemitechnik verbunden, geprüft werden.

Die zu den Bewegungsformen gehörenden Haltungen, Stellungen und Bewegungsabläufe sind:

## 2.1.1    Stellungen (Dachi)

### 2.1.1.1    Verteidigungsstellung, frontal links und rechts

**Zweck:** Optimale, gegebenenfalls neutrale Ausgangsposition für die Verteidigung.

- Beide Füße werden gleichmäßig belastet (50:50).
- Die Füße stehen in Schrittstellung etwa schulterbreit auseinander und zeigen nach vorn bzw. schräg nach vorn.
- Bei der Verteidigung zur Seite ändert sich lediglich die Blickrichtung.
- Die Arme befinden sich vor dem Oberkörper, die Hände können offen oder zur Faust geschlossen sein.
- Je nach Situation kann die Haltung der Arme/Hände eher offensiv oder defensiv eingenommen werden.

Wenn du Kampfsport trainierst und dich vor dem Angreifer in eine Kampfstellung stellst, dann hast du meiner Meinung nach einen Großteil deines Vorteils gegenüber dem Angreifer verloren. Weise ihn auch nicht darauf hin, dass du eine Kampfsportart trainierst. Versuche, ihn mit Worten zu beruhigen und mache klar, dass du an einer körperlichen Auseinandersetzung nicht interessiert bist. Sollte er nicht von seinem Vorhaben ablassen, so bist du im Vorteil. Je sicherer sich der Angreifer fühlt und je weniger er mit Gegenwehr rechnet, desto einfacher und erfolgreicher wird deine Verteidigung sein. Deshalb möchte ich dir im Folgenden ein paar Stellungen vorstellen, die nicht unbedingt verraten, dass du Kampfsportler bist oder dich mit der Thematik **Selbstverteidigung** näher beschäftigt hast.

## Der Italiener

Bringe deine Hände vor den Körper und „rede mit den Händen", wie man es manchmal bei Italienern sieht, sodass der Angreifer nicht an deinen Körper kommt, ohne vorher deine Hände beiseite schieben zu müssen. Aus dieser Position kannst du Schlagangriffe des Angreifers sehr gut abwehren und auch selbst Schlagtechniken effektiv einsetzen.

## Der Denker

Bringe eine Hand an dein Kinn und strecke den Zeigefinger aus, das macht den Eindruck, als würdest du dem Angreifer zuhören. Aus dieser Position kannst du sehr gut Schlagangriffe abblocken und auch sehr schnell eine Schlagtechnik, z. B. einen Fauststoß zur Nase des Angreifers, ausführen.

## Der Türsteher

Verschränke beide Arme vor der Brust. Dabei lege jedoch die Arme aufeinander und überkreuze diese nicht, da du sonst das Problem haben könntest, einen Arm für eine Blocktechnik nicht rechtzeitig nach außen zu bringen.

### Der Prediger

Falte die Hände, als wenn du beten wolltest und rede mit dem Angreifer, dass er es doch unterlassen soll, dich anzugreifen. Aus dieser Position kannst du sehr gut gleichzeitig Block- und Schlagtechniken, z. B. einen Fauststoß zur Nase, ausführen.

### Der Moderator

Wenn ein Moderator mit seiner Präsentation beginnt, versucht er meistens, seine Aussagen durch eine positive Körpersprache zu unterstreichen. Dazu nimmt er die Hände nach oben, wobei die Handflächen zur Decke zeigen. Die Arme zeigen leicht nach außen (45°). Aus dieser Position sind ebenfalls sehr gut Block- und Schlagtechniken auszuführen.

### Der Kampfsportler

Der Kampfsportler hat seine Fäuste geballt und die Arme zum Schutz des Kopfs und Oberkörpers angehoben. Damit kann der Gegner sofort erkennen, dass man zum Kampf bereit ist.

**Wichtig bei all diesen Stellungen ist, dass die Arme sich im oberen Bereich des Oberkörpers befinden und sie somit eine Chance haben, einen Schlag abzuwehren. Wenn deine Arme hinter dem Rücken verschränkt sind oder seitlich am Körper hängen, wirst du einen Überraschungsangriff, z. B. einen Schlag zum Kopf, nur schwer verhindern können.**

## 2.2.1 Auslagenwechsel

- Auf der Stelle,
- nach hinten und
- zur Seite.

**Zweck:** Schaffen einer günstigeren Ausgangsposition, Distanzhaltung, Distanzvergröße-rung oder Distanzverkürzung.

- Aus der Verteidigungsstellung.
- Durch Schritt nach vorn bzw. hinten mit Einnahme der neuen Position.

## 2.2.2 Meidbewegungen

**Zweck:** Schnelles Ausweichen bei überraschenden Atemis zum Kopf. Darunter fallen Auspendeln, Abducken und Abtauchen.

- Bei allen Meidbewegungen befinden sich die Arme in Schutzhaltung bzw. führen eine Abwehr- und/oder Kontertechnik aus.
- Beim Auspendeln bewegen sich lediglich Kopf und Oberkörper des Verteidigers zur Seite oder nach hinten, um dem Angriff auszuweichen.
- Beim Abducken weicht der Verteidiger dem Angriff nach unten durch Beugen der Knie bei aufrechtem Oberkörper aus. Der Blick ist nach vorn gerichtet.

### 2.2.2.1 Auspendeln
- Nach hinten und
- nach vorn.

Nach hinten

Zur Seite

Abducken

Abtauchen

### 2.2.3 Gleiten

• Vorwärts.

**Zweck:** Rasches Annähern an den Gegner zur Distanzhaltung oder Distanzverkürzung.

- Aus der Verteidigungsstellung.
- Grundsätzlich erst Verlängern der Stellung nach vorn, dann Verkürzen durch Heranführen des hinteren Beins bis zur Verteidigungsstellung.
- Zur Vorbereitung einer Beintechnik mit dem vorderen Bein ist auch ein Heranziehen des hinteren Beins in der Anfangsphase möglich.

• Rückwärts.

**Zweck:** Rasches Entfernen vom Gegner zur Distanzhaltung oder Distanzvergrößerung.

- Aus der Verteidigungsstellung.
- Erst Verlängern der Stellung nach hinten, dann Verkürzen durch Heranführen des vorderen Beins bis zur Verteidigungsstellung.

- Seitwärts.

**Zweck:** Rasches Entfernen vom oder Annähern an den von der Seite kommenden Angreifer.

- Aus der Verteidigungsstellung.
- Lediglich die Blickrichtung erfolgt seitwärts.
- Analog zum Gleiten vor- und rückwärts bei einem von vorn einwirkenden Gegner ist dies auch in eine seitliche Richtung möglich.

### 2.2.4 Körperabdrehen

**Zweck:** Verringern der Angriffsfläche durch seitliches Abdrehen des Oberkörpers.

- Aus der Verteidigungsstellung.
- Die Füße können sich auf der Stelle mitdrehen, müssen es jedoch nicht.

## 2.2.5 Schrittdrehungen

**Zweck:** Ausweichen bei Angriffen, Unterstützung von Wurf-/Hebeltechniken.

- Aus der Verteidigungsstellung.
- Drehung beidseitig nach vorn möglich.
- Drehpunkt ist der vordere Fußballen.
- Um 90° und 180°.

### 2.2.5.1 Schrittdrehung 90°

- Vorwärts und

- rückwärts.

## 2.2.5.2 Schrittdrehung 180°

- Vorwärts und

- rückwärts.

## 2.3 Falltechniken (Ukemi)

Eine möglichst große, aber relativ unempfindliche Fläche zur Impulsverteilung wird bei der Landung zum Einsatz gebracht. Ein Abschlagen (bei den Stürzen seitwärts und rückwärts) ist nicht unbedingt erforderlich.

### 2.3.1 Sturz seitwärts (Yoko-ukemi)

* Landung auf einer Körperseite und einem Arm.
* Kopf und Fußgelenk haben keinen Bodenkontakt.
* Dicht am Körper abschlagen (keine Pflicht).
* Anschließend Verteidigungslage, Rollen in der Bodenlage oder direkte Verteidigung.

**Vorübung:**
**Aus dem Stand ohne Abschlagen**

1. Begib dich in die Hocke.
2. Strecke das linke Bein nach rechts vorn,
3. bis du seitlich zu Fall kommst. Während dem Fallen schlage mit dem linken Arm auf den Boden, um den Fall abzuschwächen.
4. Winkle dein rechtes Bein an, stelle dein rechtes Bein nach vorn und nehme die Arme zum Schutz des Kopfs nach oben.

Nachdem diese Seite funktioniert hat, übe das Ganze auch mit der rechten Seite.

## Aus dem Stand mit Abschlagen

Nachdem du den Sturz seitwärts aus der Hocke beherrscht, kannst du das Ganze auch aus dem Stand probieren.

1.  Ausgangsposition.
2.  Führe dein linkes Bein nach rechts, so, als wolltest du einen Fußball seitwärts wegschießen.
3.  Wenn du fällst, schlage mit dem linken Arm auf den Boden, um den Fall zu mindern.
4.  Winkle dein rechtes Bein an, stelle dein rechtes Bein nach vorn und nehme die Arme zum Schutz des Kopfs nach oben.

Sobald du diesen Sturz gut beherrscht, kannst du den Sturz seitwärts auch ohne Schlagbewegung ausführen. Dabei schütze mit deinem dem Boden näheren Arm deine Rippen.

Auch diese Version ist für die Prüfung zugelassen.

## 2.4    Bodentechniken (Ne-waza)

### 2.4.1    Haltetechnik in seitlicher Position
### (Kesa-Gatame, frontaler Sidemount, Seitenschärpe)

- Gegner in Rückenlage, Verteidiger befindet sich seitlich zu ihm.
- Ein Arm kontrolliert den körpernahen Arm des Gegners.
- Ein Arm kontrolliert den Kopf bzw. den anderen Arm.
- Das unten liegende Bein kontrolliert die körpernahe Schulter.
- Durch Gewichtsverlagerung wird der Gegner belastet.

## 2.4.2 Haltetechnik in Kreuzposition (Yoko-shio-gatame, Cross Sidemount)

- Gegner in Rückenlage, Verteidiger liegt quer dazu auf dessen Körper.
- Beide Arme kontrollieren Kopf und/oder Arme des Gegners.
- Durch Gewichtsverlagerung wird der Gegner belastet.

### 2.4.3 Haltetechnik in Reitposition (Tate-shiho-gatame, Mount Position)

- Gegner in Rückenlage.
- Verteidiger befindet sich im Reitsitz auf dessen Körper.
- Beide Arme kontrollieren Kopf und/oder Arme des Gegners.
- Knie und Füße blockieren die gegnerische Hüfte.
- Durch Gewichtsverlagerung wird der Gegner belastet.

Sofern der Prüfling es möchte, lasse ich mir die Bodentechniken an einem Stück (im Flow) zeigen. Selbstverständlich kann der Prüfling aber auch jede einzelne Technik zeigen. Der Partner sollte dabei eine leichte Gegenwehr ausüben, damit die Prüfer sehen können, ob der Prüfling die Kontrolle über den Gegner hat.

## 2.5    Ju-Jutsu-Techniken in Kombination

Die folgenden Techniken müssen vom Prüfling weitgehend in Kombination gegen je einen Angriff nach freier Wahl demonstriert werden.

Folgende Punkte sind bei der Ausführung von Techniken zu beachten:

- Atemitechniken (Atemi)

Das Prinzip der Atemitechniken beruht darauf, dass eine Schlag-, Stoß- oder Tritttechnik mit möglichst großem Impuls ausgeführt wird, man für einen Moment Kontakt mit dem gegnerischen Körper aufnimmt und den Impuls über die Auftrefffläche auf diesen überträgt.

- Stöße (Ausführung mit Armen oder Beinen)

Die Atemitechnik muss zumindest in der Endphase geradlinig verlaufen. Wird die Technik durch Kraftübertragung über die Hüfte durchgeführt (z. B. durch einen Fauststoß), so muss dies deutlich dargestellt werden. Die Ausführungen sind gleichseitig oder nicht gleichseitig möglich. Fußstöße sind bei Abfrage in der Prüfung nur im Stand zulässig.

- Schläge (mit der Hand oder dem Ellbogen) sowie Tritte mit dem Fuß

Die Ausführungen sind gleichseitig oder nicht gleichseitig möglich. Wird nach der Atemitechnik direkt der Kontakt zum Gegner gesucht, so ist ein Zurückziehen der ausführenden Extremität verzichtbar. Schläge und Tritte sind bei der Abfrage in der Prüfung nur im Stand zulässig. Der Verlauf der Techniken ist kreisförmig.

- Weitere Anmerkungen zu den Atemitechniken

Bei allen Techniken ist auf größtmögliche Schutzhaltung zu achten. Ein Schließen der Faust ist lediglich bei den Techniken „Fauststoß" und „Faustschlag" erforderlich.

- Abwehrtechniken (Uke-Waza)

Das Prinzip der Abwehrtechniken beruht darauf, sich mithilfe der Extremitäten (Hände, Arme, Füße, Beine) aktiv oder passiv bestmöglichst zu schützen.

Mithilfe der Abwehrtechniken können Atemiangriffe abgeleitet, umgeleitet, weitergeleitet oder abgestoppt werden. Abwehrtechniken sind zur Verbesserung der Wirksamkeit mit dazu passenden Bewegungsformen zu kombinieren. Der freie Arm schützt den Verteidiger oder kontrolliert den Angreifer.

- Hebeltechniken

Das Prinzip der Hebeltechniken beruht darauf, Gelenke über ihren natürlichen Bewegungsradius hinaus oder entgegen ihrer natürlichen Bewegungsrichtung zu strecken, zu beugen oder zu drehen. Die Wirkung eines Hebels ist in erster Linie abhängig von der Hebellänge, dem Freiheitsgrad des Gelenks sowie der Schmerzempfindlichkeit des Angreifers. Die Hebeltechniken werden in folgende Gruppen unterteilt:

- Beugehebel,
- Streckhebel,
- Drehhebel,
- Drehbeugehebel und
- Drehstreckhebel.

- Wurftechniken (Nage-waza)

Das Prinzip der Wurftechniken beruht darauf, den Angreifer weitestmöglich unter Ausnutzung seiner Kraft und Bewegung zu destabilisieren, durch Wegschlagen bzw. Sperren der Unterstützungsfläche oder durch Ausheben zu Fall zu bringen.

- Kombinationen

Das Prinzip der Kombinationen beruht darauf, bei der Abwehr von Angriffen Selbstverteidigungstechniken sinnvoll zu verbinden.

## 2.5.1 Drei passive Abwehrtechniken mit dem Unterarm (Uke-waza)

- Der nahe, an Kopf oder Körper verriegelte Unterarm schützt die jeweilige Körperpartie beim Auftreffen des Schlags.
- Die Abwehrtechnik ist mit einer passenden Bewegungsform zu verbinden.

### 2.5.1.1    In Kopfhöhe (von außen)

Schwierigkeitsgrad: Einfach

1.  A führt eine Ohrfeige mit der rechten Hand zum Kopf von V aus. V führt mit links einen **Passivblock nach oben** außen aus.
2.  V führt mit der rechten Hand einen Fauststoß zum Solarplexus (oberer Bauch) von A aus.
3.  V positioniert die rechte Hand auf der rechten Schulter von A, schützt das eigene Kinn vor der eigenen rechten Schulter
4.  und führt abschließend einen Kniestoß zum rechten Oberschenkel von A aus.

Schwierigkeitsgrad: **Mittelschwer**

1.      A führt eine Ohrfeige mit der rechten Hand zum Kopf von V aus. V führt mit links einen **Passivblock nach oben** außen aus.
2.      V führt mit der rechten Hand einen Handballenschlag zum Kopf von A aus,
3.      führt den rechten Arm über den rechten Arm von A,
4.      fegt diesen gegen den Uhrzeigersinn nach rechts unten außen
5.      und führt abschließend einen Faustschlag als Aufwärtshaken in Richtung der Leber von A aus.

Schwierigkeitsgrad: **Anspruchsvoll**

**1.** A führt eine Ohrfeige mit der rechten Hand zum Kopf von V aus. V führt mit links einen **Passivblock nach oben** außen aus.

**2.** Der linke Arm wird über den Schlagarm von A geführt und in den Lendenbereich von A gestemmt und die rechte Hand führt von unten nach oben einen Handballenstoß zum Kopf von A aus.

**3.** V führt ein Körperabbiegen aus. Dabei drückt V mit der rechten Hand den Kopf von A nach hinten und drückt gleichzeitig mit der linken Hand gegen As unteren Rücken, sodass A ins Hohlkreuz kommt.

**4.** V bringt A zu Boden, positioniert die rechte Hand auf As rechter Schulter, ergreift mit der linken Hand das eigene rechte Handgelenk, kniet mit dem linken Knie auf As Hals und mit dem rechten Knie auf As rechter Körperseite ab. Mit diesem Armriegel (Armstreckhebel) von innen als Festleger am Boden beendet V die Kombination.

| | |
|---|---|
| **1.** | A führt eine Ohrfeige mit der rechten Hand zum Kopf von V aus. V führt mit links einen **Passivblock nach oben** außen aus. |
| **2.** | V bringt den Schlagarm mittels Dreierkontakt nach oben innen: zuerst die rechte Hand unter den rechten Arm von A führen. |
| **3.** | Mit rechts den rechten Arm von A nach innen leiten und das rechte Handgelenk erfassen, |
| **4.** | den linken Unterarm positioniert V auf As rechtem Ellbogen |
| **5.** | und bringt A mit Armstreckhebel zum Boden. |
| **6.** | V kniet mit dem linken Knie zwischen den Schulterblättern von A, drückt die Knie zusammen, schiebt die Hüfte nach vorn, drückt von oben mit den Händen gegen As rechtes Handgelenk und führt somit einen Handdrehbeugehebel als Festleger aus. |

### 2.5.1.2 In Höhe der Körpermitte (außen)

Schwierigkeitsgrad: **Einfach**

1. V steht in der Verteidigungsstellung und hat beide Arme angehoben. A führt mit rechts einen Schlag zu den kurzen Rippen aus und V zieht den linken Arm nah an den Körper (**Passivblock** nach unten außen), um die kurzen Rippen zu schützen.
2. V führt einen Fauststoß mit der rechten Hand zum Kinn von A aus,
3. dreht den linken Fuß um mindestens 90° ein und beendet die Kombination mit einem Schienbeintritt (Low Kick) mit dem rechten Bein zum rechten inneren Oberschenkel von A.

Schwierigkeitsgrad: **Mittel**

1. V steht in der Verteidigungsstellung und hat beide Arme angehoben. A führt mit rechts einen Schlag zu den kurzen Rippen aus und V zieht den linken Arm nah an den Körper (**Passivblock** nach unten außen), um die kurzen Rippen zu schützen.
2. V führt mit der rechten Hand einen Fauststoß in Richtung von As Kopf aus,
3. klappt seinen linken Unterarm nach unten,
4. führt ihn um As rechten Arm und positioniert die linke Hand auf As Ellbogen. V positioniert die rechte Hand an der rechten Halsseite von A und drückt As Kopf im Winkel von ca. 45° nach unten. Somit kontrolliert V A mit einem Drehstreckhebel (Armstreckhebel).

Schwierigkeitsgrad: **Anspruchsvoll**

1. V steht in der Verteidigungsstellung und hat beide Arme angehoben. A führt mit rechts einen Schlag zu den kurzen Rippen aus und V zieht den linken Arm nah an den Körper (**Passivblock** nach unten außen), um die kurzen Rippen zu schützen.
2. V führt mit der rechten Hand einen Fauststoß in Richtung von As Kopf aus.
3. Danach klappt V seinen linken Unterarm nach unten,
4. führt ihn um As rechten Arm und positioniert die linke Hand auf As Ellbogen. V positioniert die rechte Hand an der rechten Halsseite von A und drückt As Kopf im Winkel von ca. 45° nach unten.
5. V führt abschließend einen Knieschlag zum rechten Schultergelenk aus,
6. zieht A mit dem Drehstreckhebel zu Boden,
7. klappt den rechten Arm von A ein, positioniert die linke Hand nah am rechten Ellbogen von A, sichert mit der rechten Hand die linke Schulter von A,
8. ergreift mit der rechten Hand den Kopf von A und zieht diesen in den Nacken,
9. bringt A mit dem Armbeugehebel (Kreuzfesselgriff) in den Stand, schiebt seine Hüfte vor As Schulter, zieht den Kopf in den Nacken und transportiert A so.

**1.** V steht in der Verteidigungsstellung und hat beide Arme angehoben. A führt mit rechts einen Schlag zu den kurzen Rippen aus. V zieht den linken Arm nah an den Körper, um die kurzen Rippen zu schützen (**Passivblock**) und

**2.** führt gleichzeitig mit rechts einen Fauststoß zum Kinn aus.

**3.** V bringt mittels Dreierkontakt den angreifenden Arm nach unten innen: Die Blocktechnik wurde mittels Passivblock schon realisiert, nun wird der rechte Arm über den angreifenden rechten Arm von A geführt

**4.** und dann dieser mit einer Fegebewegung nach innen (gegen den Uhrzeigersinn) an V vorbeigefegt.

**5.** V führt den eigenen rechten Arm weiter nach oben und legt den Arm von der linken Halsseite her um den Hals von A, dabei geht V mit links einen Schritt um 45° vorwärts und drückt mit der linken Faust in die rechte Niere von A, sodass A stark ins Hohlkreuz kommt. Dabei zeigen beide Arme von V jeweils in die Richtung des anderen Arms.

**6.** V bringt A nach hinten zu Fall. V führt mit der rechten Hand einen Fauststoß zum Kopf von A aus.

### 2.5.1.3    In Höhe der Körpermitte (innen)

Schwierigkeitsgrad: Einfach

1.      A und V stehen sich gegenüber. A führt mit dem rechten Bein einen Fußstoß
        vorwärts zum Bauch von V aus. V führt mit dem linken Arm einen **Passivblock
        nach innen** aus,
2.      kontert mit einem Fauststoß mit der rechten Hand zum Kopf von A,
3.      setzt das linke Bein nach hinten, sodass es einen Winkel von mindestens 90°
        zu A hat und beendet die Kombination mit einem Schienbeintritt (Low Kick)
        zum rechten inneren Oberschenkel von A.

Schwierigkeitsgrad: **Mittel**

1. A und V stehen sich gegenüber. A führt einen Fauststoß mit der rechten Hand zum Bauch von V aus. V führt mit dem linken Arm einen **Passivblock nach innen** aus,

2. fast zeitgleich führt V mit dem rechten Ellbogen einen Schlag zum rechten Oberarm von A aus,

3. gefolgt von einem Rückhandschlag mit der rechten Hand zum Kopf von A.

4. V positioniert die rechte Hand an der rechten Schulter von A und beendet die Kombination mit einem Kniestoß mit dem rechten Bein zum rechten Bein von A.

Schwierigkeitsgrad: **Anspruchsvoll**

1.  A und V stehen sich gegenüber. A schubst V von vorn. V führt mit dem linken Arm einen **Passivblock nach innen** aus,
2.  V fegt den rechten Arm von A mit dem eigenen linken Arm nach unten,
3.  positioniert die linke Hand auf dem rechten Ellbogen von A und die rechte Hand an As rechter Halsseite und führt so einen Drehstreckhebel (Armstreckhebel im Stand) aus.
4.  V führt einen Knieschlag mit dem rechten Bein zum Kopf von A aus,
5.  drückt As Kopf nach unten, begibt sich vor A,
6.  weiter auf As linke Körperseite, zieht am rechten Arm von A, drückt mit dem rechten Arm dessen Kopf in die entgegengesetzte Richtung
7.  und wirft A mittels Schleuderwurf zu Boden. V zieht das rechte Knie hoch zur Brust
8.  und beendet die Kombination mit einem Fußstoß abwärts zum Bauch von A.

## 2.5.2 Zwei Abwehrtechniken mit der Hand (Uke-waza)

- Abwehr erfolgt mit flacher, gespannter Hand.
- Ausführung wahlweise mit Handfläche, Handrücken, Handaußenkante, Hand-innenkante oder Handballen.
- Die Abwehrtechnik ist mit passender Bewegungsform zu verbinden.

Schwierigkeitsgrad: Einfach

1. A und V stehen sich gegenüber. A führt eine Ohrfeige mit der rechten Hand zum Kopf von V aus.
2. V positioniert die rechte Hand auf dem rechten Arm von A
3. und fegt (Technik **Handfegen**) diese gegen den Uhrzeigersinn nach rechts unten außen.
4. V führt mit dem linken Arm einen Fauststoß zum Kopf von A aus.

1.  A und V stehen sich gegenüber.  A führt einen Fauststoß zum Kopf von V aus. V positioniert die linke Hand auf der Außenseite des rechten Arms von A und fegt (Technik **Handfegen**) diesen nach rechts innen.

2.  V führt mit dem rechten Arm einen Fauststoß zum Bauch von A aus.

1.  A und V stehen sich gegenüber. A führt einen Schwinger (Faustschlag) mit der rechten Hand zum Kopf von A aus. V reagiert mit einem **Schulterstopp**, indem V seine linke Hand gegen die Schulter von A drückt. Dabei senkt V sein Kinn, damit ein Treffer zum eigenen Kinn vermieden werden kann.

2.  V führt einen Fauststoß mit der rechten Hand zum Kinn von A aus.

Schwierigkeitsgrad: **Mittel**

| | |
|---|---|
| **1.** | A und V stehen sich gegenüber. A führt eine Ohrfeige mit der rechten Hand zum Kopf von V aus. V positioniert die rechte Hand auf dem rechten Arm von A, |
| **2.** | und fegt (Technik **Handfegen**) diese gegen den Uhrzeigersinn nach rechts unten außen. |
| **3.** | V führt mit der rechten Hand einen Rückhandschlag zur rechten Kopfseite von A aus, |
| **4.** | mit der linken Hand einen Schwinger (Faustschlag) zur rechten Kopfseite |
| **5.** | und mit der rechten Hand einen Fauststoß zum Kopf, |
| **6.** | setzt das rechte Bein nach hinten |
| **7.** | und beendet die Kombination mit einem Schienbeintritt (Low Kick) zum äußeren rechten Oberschenkel von A. |

1.  A und V stehen sich gegenüber. A führt einen Fauststoß zum Kopf von V aus. V positioniert die linke Hand auf der Außenseite des rechten Arms von A und fegt (Technik **Handfegen**) diesen nach rechts innen.
2.  V führt mit dem rechten Arm einen Fauststoß zum Bauch von A aus,
3.  schlägt mit der linken Hand den rechten Arm von A nach unten
4.  und beendet die Kombination mit einem Rückhandschlag (Faustschlag) zum Kopf von A.

1. A und V stehen sich gegenüber. A führt einen Schwinger (Faustschlag) mit der rechten Hand zum Kopf von A aus. V reagiert mit einem **Schulterstopp**, indem V seine linke Hand gegen die Schulter von A drückt. Dabei senkt V sein Kinn, damit ein Treffer zum eigenen Kinn vermieden werden kann.

2. V führt einen Fauststoß mit der rechten Hand zum Kinn von A

3. und einen Aufwärtshaken (Faustschlag) mit der linken Hand zum Kinn aus.

4. V positioniert die rechte Hand auf As rechtem Nacken, senkt den Kopf, sodass das Kinn hinter dem eigenen rechten Oberarm geschützt wird

5. und führt abschließend einen Kniestoß zum rechten Oberschenkel von A aus.

Schwierigkeitsgrad: **Anspruchsvoll**

**1.**      A und V stehen sich gegenüber. A führt eine Ohrfeige mit der rechten Hand zum Kopf von V aus. V positioniert die rechte Hand auf dem rechten Arm von A,

**2.**      und fegt (Technik **Handfegen**) diese gegen den Uhrzeigersinn nach rechts unten außen.

**3.**      V führt seine rechte Hand um As rechten Arm und positioniert die rechte Hand auf As rechter Schulter.

**4.**      V stellt sein rechtes Bein dicht hinter As rechtes Bein,

**5.**      drückt mit der rechten Hand die rechte Schulter zurück und streckt sein rechtes Bein, sodass A nach hinten zu Fall kommt.

**6.**      V kniet sich mit dem linken Bein auf As Hals und mit dem rechten Bein auf dessen rechter Seite ab, sichert mit der rechten Hand As rechten Arm, ergreift mit der linken Hand As rechtes Handgelenk und mit der rechten Hand den eigenen linken Unterarm und kontrolliert A so in einem Handbeugehebel.

1.      A und V stehen sich gegenüber. A führt einen Fauststoß zum Kopf von V aus. V positioniert die linke Hand auf der Außenseite des rechten Arms von A und fegt (Technik **Handfegen**) diesen nach rechts innen.
2.      V führt mit dem rechten Arm einen Fauststoß zum Bauch von A aus,
3.      schlägt mit der linken Hand den rechten Arm von A nach unten,
4.      führt einen Rückhandschlag (Faustschlag) zum Kopf von A aus,
5.      positioniert die rechte Handfläche auf der rechten Gesichtshälfte von A, drückt den Kopf nach rechts,
6.      führt mit der linken Hand einen Fauststoß zum Kopf von A aus,
7.      setzt das rechte Bein nach hinten und beendet die Kombination mit einem Schienbeintritt (Low Kick) mit dem linken Bein zum äußeren rechten Oberschenkel von A.

| | |
|---|---|
| **1.** | A und V stehen sich gegenüber. A führt einen Schwinger (Faustschlag) mit der rechten Hand zum Kopf von V aus. V reagiert mit einem **Schulterstopp**, indem V seine linke Hand gegen die Schulter von A drückt. Dabei senkt V sein Kinn, damit ein Treffer zum eigenen Kinn vermieden werden kann. |
| **2.** | V begibt sich an die linke Seite von A, führt seinen rechten Arm über den linken Arm von A, sichert mit der linken Hand den rechten Arm von A und umfasst seinen Rücken. Er steht in einem Winkel von 90° zu A und hat die Beine nah an den Beinen von A, damit dieser keine Tritttechnik zum Genitalbereich von V durchführen kann. |
| **3.** | V führt das rechte Bein am linken Bein von A vorbei, |
| **4.** | bringt die Hüfte nach vorn, zieht mit seiner linken Hand an As rechtem Arm |
| **5.** | und bringt diesen mittels Hüftwurf zu Boden. |
| **6.** | V zieht As rechten Arm nach oben, zieht das rechte Knie zur eigenen Brust |
| **7.** | und beendet die Kombination mit einem Fußstoß abwärts in Richtung von As Oberkörper. |

## 2.5.3    Ein Grifflösen
### (Katate-mochi, Ryote-mochi)

- Lösen von Handgelenkumklammerungen durch Heraushebeln oder Herauswinden.
- Ein- oder beidarmige Ausführungen gegen ein- oder beidarmige Umklammerungen.

Schwierigkeitsgrad: Einfach

1. A und V stehen sich gegenüber. A ergreift mit beiden Händen das rechte Handgelenk von V.
2. V ergreift mit der linken Hand seine eigene rechte Hand,
3. führt einen Fußtritt mit dem rechten Bein zu As rechtem Schienbein aus
4. und zieht seine Arme in Richtung seiner linken Schulter.
5. Dabei wird eine **Grifflösetechnik** ausgeführt.
6. V beendet die Kombination mit einem Rückhandschlag (Faustschlag) zum Kopf von A.

1.     A steht hinter V und hat mit beiden Händen Vs Genick ergriffen.
2.     V führt den rechten Arm gestreckt nach oben,
3.     dreht sich im Uhrzeigersinn nach rechts auf A zu und führt somit eine **Grifflösetechnik** aus.
4.     V führt seinen rechten Arm um As beide Arme
5.     und beendet die Kombination mit einem Fauststoß mit der linken Hand zum Kopf von A.

Schwierigkeitsgrad: **Mittel**

1.     A und V stehen sich gegenüber. A hat mit der rechten Hand das linke Handgelenk von V ergriffen.

2.     V führt den linken Arm im Winkel von ca. 45° nach links außen, übt mit der linken Hand Druck gegen As rechten Daumen aus

3.     und löst **somit den Griff**.

4.     V positioniert die linke Hand hinter dem rechten Ellbogen von A und führt zeitgleich mit dem rechten Arm einen Ellbogenschlag zum Oberarm von A aus,

5.     klappt den rechten Arm nach unten, drückt den rechten Arm mit dem eigenen rechten Arm nach rechts außen,

3.     führt mit dem linken Arm einen Aufwärtshaken zur Leber aus,

7.     zieht den rechten Arm wieder zurück und beendet die Kombination mit einem weiteren Fauststoß in Form eines Schwingers (Hakens) zum Kopf von A.

1.     A steht vor V und hat As Hals mit beiden Händen ergriffen.
2.     V streckt den rechten Arm nach oben,
3.     dreht sich nach rechts, sodass der **Griff gelöst wird**,
4.     klappt den rechten Arm nach unten, drückt den rechten Arm mit dem eigenen rechten Arm nach rechts außen,
5.     führt mit dem linken Arm einen Aufwärtshaken zur Leber aus,
6.     zieht den rechten Arm wieder zurück und beendet die Kombination mit einem weiteren Fauststoß in Form eines Schwingers (Hakens) zum Kopf von A.

1. A steht vor V und hat beide Handgelenke von vorn ergriffen.
2. V führt mit dem rechten Bein einen Fußtritt in Richtung von As rechtem Schienbein aus, dreht die Arme im Winkel von 45° nach außen, führt ein **Grifflösen** aus,
3. ergreift mit beiden Händen beide Handgelenke von A,
4. zieht die Arme zu sich heran und führt zeitgleich einen Kniestoß zum Bauch von A aus.

Schwierigkeitsgrad: **Anspruchsvoll**

1. A steht hinter V und hat beide Handgelenke von hinten ergriffen.
2. V winkelt den linken Arm an,
3. stößt die rechte Hand nach vorn und führt somit ein **Grifflösen** aus,
4. dreht sich im Uhrzeigersinn auf A zu,
5. positioniert die linke Hand auf den Fingern von As rechter Hand, führt As rechte Hand in Richtung von dessen Solarplexus (oberhalb der Magengrube), sodass der rechte Arm die Form eines Z hat, drückt das Handgelenk nach unten und bringt somit einen Handdrehhebel zur Wirkung. Dabei dreht V seine Hüfte auf die Seite, damit A nicht direkt zum Genitalbereich schlagen kann.

1. A steht vor V und hat mit der rechten Hand Vs linkes Handgelenk ergriffen.
2. V führt seinen linken Ellbogen über As rechten Ellbogen
3. und führt somit eine **Grifflösetechnik** aus. Es folgt ein Rückhandschlag (Faustschlag) mit der linken Faust zum Kopf von A,
4. danach klappt V den rechten Arm nach unten und blockiert beide Arme von A
5. und führt einen Fauststoß mit der rechten Hand zum Kopf von A aus.
6. V ergreift mit der rechten Hand von der rechten Kopfseite her As Genick,
7. zieht As Kopf nach unten und führt mit dem rechten Bein einen Knieschlag zum Kopf von A aus.

## 2.5.4 Ein Griffsprengen (Tettsui-uchi, Jodan-oshi-dashi)

- Gewaltsame Befreiung mittels Abwehr- oder Atemitechnik gegen die angreifenden Arme.
- Ein- oder beidarmige Ausführung gegen alle (zumindest angesetzten) Klammerangriffe.

Schwierigkeitsgrad: Einfach

1. A steht vor V und hat mit beiden Händen Vs Revers ergriffen.
2. V führt mit der rechten Hand einen Fauststoß zum Solarplexus (oberhalb der Magengrube) aus
3. und stößt danach seine beiden Unterarme gegen die Unterarme von A nach oben. Somit wird ein **Griffsprengen** ausgeführt.

1. A steht vor V und hat mit beiden Händen Vs Revers ergriffen.
2. V führt mit dem rechten Bein einen Fußtritt in Richtung von As Schienbein aus
3. und reißt danach seine beiden Unterarme von oben gegen die Unterarme von A nach unten. Somit wird ein **Griffsprengen** ausgeführt.

Schwierigkeitsgrad: **Mittel**

1. A steht vor V und hat mit beiden Händen Vs Revers ergriffen.
2. V führt mit der rechten Hand einen Fauststoß zum Solarplexus (oberhalb der Magengrube) aus
3. und stößt danach seine beiden Unterarme gegen die Unterarme von A nach oben. Somit wird ein **Griffsprengen** ausgeführt.
4. V führt seinen linken Arm über den rechten Arm von A, positioniert die linke Hand in As Rücken (Lendenbereich) und platziert die rechte Hand unter As Kinn.
5. Durch Druck gegen den Rücken und das Kinn wird A mittels Körperabbiegen zu Boden gebracht. V beendet die Kombination mit einem Fauststoß zum Kopf mit der rechten Hand.

1. A steht vor V und hat mit seiner rechten Hand das rechte Handgelenk von V erfasst.
2. V führt seinen rechten Arm im Uhrzeigersinn nach oben,
3. holt mit dem linken Arm Schwung,
4. schlägt mit seinem linken Unterarm den rechten Unterarm von A weg und führt somit ein **Griffsprengen** aus.
5. V führt einen Fauststoß mit der rechten Hand zum Bauch oder Genitalbereich von A aus.

1. A steht vor V und hat dessen beide Handgelenke erfasst.
2. V hebt das rechte Knie über As rechte Hand an
3. und schlägt es von oben auf As rechte Hand, sodass ein **Griffsprengen** wirksam wird.
4. V führt einen Fauststoß auf As linken Unterarm aus,
5. sodass dieser Griff auch gesprengt wird.
6. V beendet die Kombination mit einem Fauststoß mit der rechten Hand zum Kopf von A.

1. A steht vor V und hat mit seiner rechten Hand Vs linke Hand ergriffen.
2. V führt mit der rechten Hand einen Handballenstoß gegen As rechten Unterarm aus
3. und führt somit ein **Griffsprengen** aus.
4. V führt mit der linken Hand einen Fauststoß in Richtung von As Kopf aus,
5. einen Aufwärtshaken (Faustschlag) mit der rechten Hand in Richtung von As Kinn,
6. positioniert die linken Hand auf As rechtem Nacken
7. und beendet die Kombination mit einem Knieschlag mit dem rechten Bein zum Kopf von A.

Schwierigkeitsgrad: **Anspruchsvoll**

**1.**      A steht vor V und hat mit beiden Händen Vs Revers ergriffen.

**2.**      V führt mit der rechten Hand einen Fauststoß zum Solarplexus (oberhalb der Magengrube) aus

**3.**      und stößt danach seine beiden Unterarme gegen die Unterarme von A nach oben. Somit wird ein **Griffsprengen** ausgeführt.

**4.**      V führt seinen linken Arm über den rechten Arm von A, positioniert die linke Hand in As Rücken (Lendenbereich) und platziert die rechte Hand unter As Kinn. Durch Druck gegen den Rücken und das Kinn wird A mittels Körperabbiegen zu Boden gebracht.

**5.**      V positioniert seine rechte Hand auf As rechter Schulter, führt die linke Hand um As rechten Arm und ergreift sein eigenes rechtes Handgelenk. V kniet mit dem linken Knie auf As Hals und mit dem rechten Knie auf As Oberkörper, führt die Hüfte nach vorn und kontrolliert A so mit einem Armriegel von innen (Armstreckhebel in der Bodenlage).

1. A steht vor V und hat mit seiner rechten Hand das rechte Handgelenk von V erfasst.
2. V führt seinen rechten Arm im Uhrzeigersinn nach oben,
3. schlägt mit seinem linken Unterarm den rechten Unterarm von A weg und führt somit ein **Griffsprengen** aus.
4. V führt einen Fauststoß mit der rechten Hand zum Bauch oder Genitalbereich von A aus.
5. V begibt sich hinter A, ergreift mit beiden Händen As Hüftknochen,
6. reißt A in einem Winkel von ca. 45° zu Boden, zieht das rechte Knie zur eigenen Brust
7. und beendet die Kombination mit einem Fuß-stoß abwärts zum Bauch von A.

1.  A steht vor V und hat dessen beide Handgelenke erfasst.
2.  V hebt das rechte Knie über As rechte Hand an
3.  und schlägt es von oben auf As rechte Hand, sodass ein Griffsprengen wirksam wird.

**4.** V führt einen Fauststoß auf As linken Unterarm aus,

**5.** sodass dieser **Griff** auch **gesprengt** wird.

**6.** V führt einen Kettenfauststoß zum Kopf von A aus, beginnend mit einem Fauststoß mit der rechten Hand in Richtung von As Kopf,

**7.** mit der linken Hand in Richtung von As Kopf

**8.** und mit der rechten Hand in Richtung von As Kopf.

**9.** V dreht den linken Fuß ein, sodass er eine Position von mindestens 90° zu A hat und beendet die Kombination mit einem Schienbeintritt mit dem rechten Bein in Richtung von As rechten inneren Oberschenkel.

## 2.5.5 Eine Handballentechnik (Teisho-uchi, Teisho-tsuki)

- Atemitechnik mit dem Handballen.
- Auftrefffläche ist der Handballen bzw. die Handfläche, ggf. wird die Hand kurz vor dem Auftreffen ruckartig nach hinten abgewinkelt.
- Die Finger sind in der Auftreffphase leicht gebeugt.
- Geradlinige (Stoß) oder kreisförmige Ausführung (Schlag) möglich.

Schwierigkeitsgrad: **Einfach**

**Technik: Handballenschlag**

1. A und V stehen sich gegenüber und stehen mit dem linken Fuß vorn.
2. A führt mit dem linken Arm einen Schwinger (Faustschlag) zum Kopf von V aus. V führt mit dem linken Arm einen Passivblock aus.
3. V führt mit dem rechten Arm einen **Handballenschlag** zum Kinn des Angreifers aus
4. und einen Aufwärtshaken (Faustschlag) mit der linken Hand zum Kinn.

## Technik: Handballenstoß

1.    A und V stehen sich gegenüber und stehen mit dem linken Fuß vorn.
2.    A führt mit dem rechten Bein einen Fußstoß vorwärts zum Bauch von V aus.
      V führt mit dem linken Unterarm einen Block nach unten innen aus
3.    und fegt das Bein nach rechts vorn.
4.    V führt mit der rechten Hand einen **Handballenstoß** zum Hinterkopf von A aus.

Schwierigkeitsgrad: **Mittel**

### Technik: Handballenschlag

1.     A und V stehen sich gegenüber und stehen mit dem linken Fuß vorn.
2.     A würgt V von vorn mit beiden Händen.
3.     V führt mit der rechten Hand einen **Handballenschlag** von unten zum Kinn aus, dabei ergreift V mit der linken Hand As rechten Unterarm.
4.     V ergreift mit der linken Hand As rechtes Handgelenk,
5.     dreht As rechten Arm im Uhrzeigersinn nach rechts unten,
6.     beugt As rechtes Handgelenk, positioniert die linke Hand direkt auf As rechtem Ellbogen, schiebt die eigene linke Hand in Richtung seiner rechten Hand, drückt seine rechte Hand in Richtung seines Ellbogens und führt somit einen Handdrehbeugehebel aus.

### Technik: Handballenstoß

1.  A und V stehen sich gegenüber. A ergreift mit der rechten Hand Vs linkes Handgelenk.
2.  V führt mit dem rechten Arm einen **Handballenstoß** zum Solarplexus (oberhalb der Magengrube) aus. Dabei zeigen die Finger der rechten Hand in Richtung Boden.
3.  V schlägt mit der rechten Hand die rechte Hand von A weg
4.  und führt somit ein Griffsprengen aus.
5.  V führt einen weiteren **Handballenstoß** mit der linken Hand zum Kinn von A aus.

## Schwierigkeitsgrad: Anspruchsvoll

### Technik: Handballenschlag

| | |
|---|---|
| **1.** | A und V stehen sich gegenüber. |
| **2.** | A führt einen Schwinger (Faustschlag) zum Kopf von V aus. V taucht ab |
| **3.** | und führt einen **Handballenschlag** zur Leber von A aus. |
| **4.** | V taucht auf und schlägt einen weiteren **Handballenschlag** mit der linken Hand zur rechten Kopfseite von A. |
| **5.** | V setzt sein linkes Bein nach hinten. Der linke Fuß hat eine Position von mindestens 90° zu A. |
| **6.** | V führt abschließend einen Schienbeintritt mit dem rechten Bein zum inneren rechten Oberschenkel von V aus. |

### Technik: Handballenstoß

1.  A und V stehen sich gegenüber. A ergreift mit der rechten Hand Vs linkes Handgelenk.
2.  V führt mit dem rechten Arm einen **Handballenstoß** zum Solarplexus (oberhalb der Magengrube) aus. Dabei zeigen die Finger der rechten Hand in Richtung Boden.
3.  V schlägt mit der rechten Hand die rechte Hand von A weg
4.  und führt somit ein Griffsprengen aus.

**5.** V führt einen weiteren **Handballenstoß** mit der linken Hand zum Kinn von A aus.

**6.** V führt den rechten Oberarm nach oben und positioniert ihn an der rechten Kopfseite von A, drückt As Kopf zur Seite

**7.** und führt mit dem linken Arm einen Ellbogenschlag zum Kopf von A aus. Dabei schützt V seinen eigenen Kopf mit dem eigenen rechten Unterarm.

**8.** V positioniert die linke Hand auf der linken Gesichtshälfte von A, drückt As Kopf nach links

**9.** und führt abschließend einen Fauststoß mit der rechten Hand zum Kopf von A aus.

## 2.5.6 Eine Knietechnik (Hiza-geri, Hiza-ate)

- Atemitechnik mit dem angehobenen und angewinkelten Knie.
- Ausführung geradlinig (Stoß), kreisförmig (Schlag) und kombiniert in alle Richtungen möglich, von vertikal bis horizontal.

Schwierigkeitsgrad: Einfach

**Technik: Knieschlag**

1. A steht vor V und hat diesen über den Armen umklammert.
2. V positioniert beide Hände an As Hüftknochen, drückt das Gesäß nach hinten
3. und führt einen **Knieschlag** mit dem rechten Bein zum Genitalbereich aus.
4. Danach drückt sich V nach hinten unten weg.

1. A und V stehen sich gegenüber und stehen mit dem linken Bein vorn.
2. A setzt zu einer Doppelhandsichel (beidhändiger Griff zu den Beinen) an.
3. V ergreift mit beiden Händen As Kopf
4. und führt mit dem rechten Bein einen **Knieschlag** in Richtung von As Kopf aus.

### Technik: Kniestoß

1. A und V stehen sich gegenüber. Beide stehen mit dem linken Bein vorn. A hat mit der rechten Hand Vs Nacken ergriffen.
2. V führt seinen linken Arm über As rechten Arm, fixiert diesen an seinem Oberkörper. Zeitgleich positioniert V seine rechte Hand an As linkem Oberarm, um ein Schlagen mit der linken Hand zu verhindern,
3. stellt den linken Fuß nach hinten, den rechten Fuß nach vorn
4. und führt mit dem linken Bein einen **Kniestoß** in Richtung von As rechtem Oberschenkel aus.
5. V schlägt mit der rechten Hand die rechte Hand von A nach außen
6. und begibt sich abschließend in eine sichere Entfernung und nimmt die Verteidigungsstellung ein.

Schwierigkeitsgrad: **Mittel**

## Technik: Knieschlag

1. A und V stehen sich gegenüber.
2. A führt mit der rechten Hand einen Rückhandschlag (Faustschlag) in Richtung von Vs Kopf aus. V positioniert den linken Unterarm auf As rechtem Unterarm
3. und fegt den rechten Arm von A gegen den Uhrzeigersinn nach links unten außen,
4. führt die linke Hand auf den rechten Ellbogen von A und positioniert die rechte Hand an der rechten Kopfseite von A. V drückt As Kopf im Winkel von ca. 45° nach vorn unten.
5. V führt mit dem rechten Knie einen **Knieschlag** in Richtung von As Kopf aus,
6. streckt danach das rechte Bein aus und führt einen Fußstoß in Richtung von As linkem Knie aus.

### Technik: Kniestoß

1. A und V stehen sich in der Trittdistanz gegenüber.
2. A führt einen Halbkreisfußtritt mit dem rechten Bein zu den linken Rippen von V aus. V positioniert den rechten Unterarm auf dem rechten Bein von A
3. und fegt das Bein gegen den Uhrzeigersinn nach rechts außen, bis V hinter A steht.
4. V ergreift mit beiden Händen den Kopf oder die Schultern von A,
5. zieht den Oberkörper nach hinten und beendet die Kombination mit einem **Kniestoß** zum Rücken von A.

Schwierigkeitsgrad: **Anspruchsvoll**

Technik: Knieschlag

1.      A und V stehen sich gegenüber und stehen mit dem linken Bein vorn.
2.      A senkt den Oberkörper mit einer guten Eigendeckung
3.      und versucht, eine Doppelhandsichel (Double Leg Takedown) bei V anzusetzen.
4.      V „springt" mit beiden gespreizten Beinen nach hinten (Sprawl)
5.      und drückt nun A in die Bodenlage. Dabei hat V seinen Kopf auf As Rücken. In dieser Position hebt und streckt V sein rechtes Bein
6.      und führt einen **Knieschlag** in Richtung von As Kopf aus.

## Technik: Kniestoß

1.     A und V stehen sich gegenüber und stehen mit dem linken Bein vorn.
2.     A senkt seinen Oberkörper mit einer guten Eigendeckung ab
3.     und versucht, eine Doppelhandsichel bei V anzusetzen. V weicht mit dem linken Bein zurück und führt mit der linken Hand einen Aufwärtshaken zum Kopf von A aus.
4.     V sichert mit dem rechten Unterarm As rechten Arm,
5.     führt eine Schrittdrehung 90° rückwärts nach links außen aus, führt einen Fauststoß mit der linken Hand zum Kopf von A aus,
6.     ergreift mit beiden Händen den Kopf von A
7.     und beendet die Kombination mit einem **Kniestoß** mit dem rechten Bein in Richtung Kopf von A.

## 2.5.7 Ein Stoppfußstoß (Mae-fumi-komi)

- Hochziehen des Knies mit anschließendem Strecken des Beins und Vorschub der Hüfte.
- Der nach außen gedrehte Fuß trifft mit der Sohle ins Ziel.
- Die Vorwärtsbewegung des Angreifers wird durch den Stoß gegen Knie, Oberschenkel oder Leiste gestoppt bzw. dadurch das Gleichgewicht eines stehenden Gegners gestört.

Schwierigkeitsgrad: Einfach (Ausführung mit dem vorderen Bein)

1. V und A stehen mit dem linken Bein vorn. V hat die Belastung auf dem hinteren rechten Bein.
2. A führt einen Schienbeintritt (Low Kick) zum linken äußeren Oberschenkel von V aus. V hebt das linke gestreckte Bein an und positioniert die linke Fußsohle in einem Winkel von ca. 45° am oberen rechten Oberschenkel oder an der rechten Leiste von A und führt somit einen **Stoppfußstoß** aus.
3. V setzt das linke Bein nach vorn ab und beendet die Kombination mit einem Fauststoß mit der rechten Hand zum Kopf von A.

Schwierigkeitsgrad: **Mittel** (Ausführung mit dem hinteren Bein)

1. V und A stehen mit dem linken Bein vorn. V hat die Belastung auf dem vorderen linken Bein.

2. A führt einen Schienbeintritt (Low Kick) zum linken äußeren Oberschenkel von V aus. V führt das rechte gestreckte Bein nach vorn und positioniert die rechte Fußsohle in einem Winkel von ca. 45° am oberen rechten Oberschenkel oder an der rechten Leiste von A und führt somit einen **Stoppfußstoß** aus.

3. V setzt das rechte Bein nach vorn ab und beendet die Kombination mit einem Fauststoß mit der linken Hand zum Kopf von A.

Schwierigkeitsgrad: **Anspruchsvoll**

1. V und A stehen mit dem linken Bein vorn.
2. A führt einen Schienbeintritt (Low Kick) zum linken äußeren Oberschenkel von V aus. V hebt das linke gestreckte Bein an und positioniert die linke Fußsohle in einem Winkel von ca. 45° am oberen rechten Oberschenkel oder an der rechten Leiste von A und führt somit einen **Stoppfußstoß** aus.
3. V setzt das linke Bein nach vorn ab und führt einen Fauststoß mit der rechten Hand zum Kopf von A aus,
4. einen Faustschlag als Aufwärtshaken mit der linken Hand zum Kinn von A,
5. stellt das linke Bein nach hinten
6. und beendet die Kombination mit einem Schienbeintritt (Low Kick) mit dem rechten Bein zum rechten inneren Oberschenkel von A.

1. V und A stehen mit dem linken Bein vorn.
2. A führt mit dem rechten Bein einen Fußstoß vorwärts zum Bauch von V aus.
3. V führt einen Unterarmblock mit links nach unten innen mit gleichzeitiger Schrittdrehung 90° nach hinten aus.
4. V ergreift mit beiden Händen As Schultern und führt mit dem rechten Bein einen **Stoppfußstoß** in As rechte Kniekehle aus. Dabei zeigen die Zehen von V nach rechts außen.
5. V kontrolliert das rechte Bein von A weiterhin, indem er seinen Fuß in der Kniekehle von A stehen lässt, führt den rechten Unterarm über As Gesicht, ergreift mit der linken Hand die eigene rechte Hand und kontrolliert A so mit einem Kopfkontrollgriff.

## 2.5.8 Ein Armstreckhebel (Ude-gatame)

(Ausführung bei Bodenlage des Gegners)

- Überstreckung des gegnerischen Ellbogengelenks durch Zug am Handgelenk und Druck am Ellbogengelenk.
- Der Verteidiger hebelt den am Boden liegenden Gegner.
- Eigene Bodenlage des Verteidigers ist nicht erforderlich.
- **Ausführungsmöglichkeiten**: Alle Armstreckhebel, bei denen der Gegner sich in Bodenlage befindet, nach freier Wahl des Prüflings.

Ausführung: Einfach

1. A und V stehen sich gegenüber. A ergreift mit der rechten Hand das linke Revers von V.
2. V ergreift mit der linken Hand das rechte Handgelenk von A und führt zeitgleich einen Fußtritt zum rechten Schienbein von A aus.

3. V ergreift auch mit der rechten Hand das rechte Handgelenk von A,
4. V dreht As rechten Arm im Uhrzeigersinn, bis der Ellbogen in Richtung Decke zeigt. Dabei positioniert V den rechten Ellbogen von A direkt unter seiner linken Achsel, führt dabei einen kleinen Gleitschritt nach rechts außen durch und kontrolliert A so mit einem Körperstreckhebel.
5. V streckt sein linkes Bein aus
6. und bringt A so in die Bodenlage. Dabei wird der Körperstreckhebel **(Armstreckhebel in der Bodenlage)** weiterhin beibehalten.

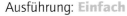

Ausführung: **Mittel**

1.  A und V stehen sich gegenüber. A ergreift mit der rechten Hand das linke Handgelenk von V.
2.  V ergreift mit der rechten Hand das rechte Handgelenk von A und führt zeitgleich einen Fußtritt zum rechten Schienbein von A aus.
3.  V dreht As rechten Arm im Uhrzeigersinn nach rechts außen,
4.  winkelt As rechten Arm an, positioniert die linke Hand am rechten Ellbogen von A,
5.  drückt den rechten Ellbogen in Richtung von As Kopf, sodass A das Gleichgewicht verliert,
6.  führt einen Schritt mit dem rechten Bein nach vorn aus, streckt den rechten Arm von A, drückt mit der linken Hand gegen den rechten Ellbogen von A und kontrolliert A so mit einem Armstreckhebel im Stand.
7.  V zieht A geradlinig zu Boden, hebt den rechten Arm in einem Winkel von ca. 45° an, zieht weiterhin am rechten Handgelenk, drückt mit der linken Hand gegen den rechten Ellbogen und kontrolliert A so mit einem **Armstreckhebel in der Bodenlage**.

Ausführung: **Anspruchsvoll**

**1.** A steht vor V.

**2.** A stößt V.

**3.** V fällt zu Boden. A begibt sich zu V auf den Boden. Dabei befindet sich A zwischen den Beinen von V.

**4.** A führt einen Fauststoß zum Kopf von V aus.

**5.** V fegt den angreifenden rechten Arm mit der linken Hand nach rechts, ergreift mit beiden Händen As rechten Arm,

**6.** dreht sich auf die rechte Seite, führt das linke Bein vor As Kopf, schiebt die Hüfte nach vorn, hebelt den rechten Arm von A nach oben und kontrolliert so A mit einem Kippstreckhebel (**Armstreckhebel am Boden**).

## 2.5.9 Ein Körperabbiegen (O-soto-osae)

- Hebelwirkung durch Überstreckung der Hals- und Lendenwirbelsäule.
- Eine Hand führt Druck von vorne am Kopf aus, die andere Hand erzeugt Gegendruck im Bereich der Lendenwirbelsäule.

Ausführung: Einfach

1. A greift von hinten mit der rechten Hand in den Kragen von V.
2. V führt eine Schrittdrehung nach hinten mit gleichzeitigem Handrückenschlag links zur Nase von A aus. Dadurch wird das Gleichgewicht von A nach hinten gebrochen.
3. V steht im Winkel von ca. 90° zu A. Die linke Hand positioniert er in den Lendenbereich und führt mit rechts einen Handballenschlag zum Kinn von A aus.
4. Mit **Körperabbiegen** bringt V A zu Boden. V beendet die Kombination mit einem Fauststoß mit der rechten Hand zum Kopf von A.

Ausführung: **Mittel**

1. A führt einen Fauststoß mit links aus und steht dabei mit links vorn. V fegt den Schlag mit rechts nach innen.
2. A führt einen zweiten Fauststoß mit rechts aus. V fegt den angreifenden Arm mit der rechten Hand nach innen
3. und führt mit der linken Hand einen Handballenstoß mit der linken Hand zum Kopf aus.
4. V positioniert die linke Hand im Lendenbereich von A und führt mit der rechten Hand einen weiteren Handballenstoß zum Kopf von A aus.
5. V bringt A mittels **Körperabbiegen** zu Boden.
6. V beendet die Kombination mit einem Faustschlag zum Kopf von A.

Ausführung: **Anspruchsvoll**

| | |
|---|---|
| **1.** | A versucht, V von vorn zu schubsen. |
| **2.** | V fegt die angreifenden Arme mit der linken Hand nach rechts außen. |
| **3.** | V führt mit der rechten Hand einen Handballenstoß zum Kopf von A aus, |
| **4.** | positioniert die linke Hand im Lendenbereich von A |
| **5.** | und bringt diesen mit **Körperabbiegen** nach hinten zu Fall. |
| **6.** | V führt sein linkes Bein über As Kopf, |
| **7.** | setzt sich eng an As rechter Seite ab, fixiert mit beiden Armen As rechten Arm auf seinem Oberkörper, |
| **8.** | legt sich nach hinten ab, drückt die Knie zusammen, hebt die Hüfte an, streckt As rechten Arm und führt somit einen Seitstreckhebel (Armstreckhebel in der Bodenlage) aus. |

## 2.5.10 Ein Beinstellen (O-soto-otoshi)

- Das Gleichgewicht brechen nach hinten zur Seite durch Zug und Druck bzw. Atemitechnik.
- Der seitlich neben dem Angreifer stehende Verteidiger stellt sein gegnernahes
- Bein von außen zwischen die Beine des Angreifers und drückt diesen zu Boden.
- Griffart frei wählbar.

Ausführung: Einfach

1. A ergreift das gegenüberliegende Handgelenk von V.
2. V führt ein Grifflösen links mit gleichzeitigem Ausfallschritt nach links
3. und gleichzeitigem Handkantenschlag mit rechts zur linken Halsschlagader aus.
4. V stellt das rechte Bein hinter das rechte Bein von A
5. und bringt A mittels **Beinstellen** zu Boden.
6. V beendet die Kombination mit einem Fauststoß mit der rechten Hand zum Kopf von A.

Ausführung: **Mittel**

1. A ergreift das gegenüberliegende Handgelenk von V.
2. V führt ein Grifflösen links mit gleichzeitigem Ausfallschritt nach links und
3. gleichzeitigem Handkantenschlag mit rechts zur linken Halsschlagader aus.
4. V stellt das rechte Bein hinter das rechte Bein von A.
5. und bringt A mittels **Beinstellen** zu Boden.
6. V positioniert sein rechtes Schienbein am gestreckten rechten Arm von A, zieht mit der linken Hand am rechten Arm von A
7. und dreht ihn in die Bauchlage. V erhält den Druck mit dem rechten Schienbein am rechten Arm aufrecht und legt so A mit einem Armstreckhebel am Boden fest.

Ausführung: **Anspruchsvoll**

1.      A ergreift das gegenüberliegende Handgelenk von V.
2.      V führt ein Grifflösen links mit gleichzeitigem Ausfallschritt nach links und
3.      gleichzeitigem Handkantenschlag mit rechts zur linken Halsschlagader aus.
4.      V stellt das rechte Bein hinter das rechte Bein von A.

**5.** und bringt A mittels **Beinstellen** zu Boden.

**6.** V positioniert seine rechte Hand am rechten Ellbogen von A und die linke Hand an seinem rechten Handgelenk.

**7.** V zieht mit der linken Hand am rechten Arm von A und drückt mit der rechten Hand gegen As Ellbogen in Richtung von dessen Kopf. Dadurch dreht sich A in die Bauchlage.

**8.** V stellt sein rechtes Bein über As rechten Arm,

**9.** winkelt sein rechtes Bein leicht an, klappt As rechten Arm ein, kniet sich auf A ab und kontrolliert A mit einem Kreuzfesselgriff (Armbeugehebel).

## 2.6. Freie Anwendungsformen

### 2.6.1 Im Bereich der Atemitechniken (nur Hände)

- Auseinandersetzung in Stand, ausschließlich unter Einsatz der geöffneten Hände (Handflächen).
- Trefferfläche ist der gesamte Körper (auch Beine).
- Leichter Kontakt, ohne Wirkungstreffer zu erzielen.
- **Ziel:** Freie Anwendung von Abwehrtechniken und Bewegungsformen des 5. Kyu.
- **Schutzausrüstung:** Männliche Prüflinge mindestens Tiefschutz (Pflicht).

Dauer: 1-2 Minuten mit einmaligem Partnerwechsel.

# III Selbstverteidigung in der Praxis

## 1 Schocke den Angreifer

Unser Körper reagiert auf unterschiedliche Reize und stuft diese in „gefährliche" und „ungefährliche" ein. Vielleicht stand schon einmal ein Mensch hinter dir und nachdem du dich umgedreht hast, bist du erschrocken. Durch die Wahrnehmung, den optischen Reiz, reagierte dein Körper. Es könnte aber auch sein, dass du die Person gar nicht gesehen hast und erst reagiert hast, als diese dich z. B. berührte. Du reagierst damit auf den physischen Reiz. Oder aber du bist erst erschrocken, als du von der Person angesprochen wurdest. Du reagierst damit auf den akustischen Reiz.

Stelle dir einmal vor, du denkst, du bist allein in der Wohnung und plötzlich springt ein Mitbewohner dich an, ergreift deine beiden Oberarme, schüttelt dich und schreit dir mitten ins Gesicht. Du wirst dich wahrscheinlich furchtbar erschrecken und für eine bestimmte Zeit (vagotone Schockphase) bewegungsunfähig sein. Je nach Reiz ist diese Zeit unterschiedlich lang und kann zwischen einer halben und 20 Sekunden dauern. Im Verteidigungsfall solltest du den Angreifer immer schocken. Während der Schockphase sind die Reflexe und Körperfunktionen des Angreifers gestört und du kannst deine Techniken leichter anwenden. Den größtmöglichen Erfolg erzielst du durch Einsetzen aller drei Reizarten gleichzeitig:

- optischer Reiz,
- physischer Reiz und
- akustischer Reiz.

Im Folgenden erfolgt eine beispielhafte Aufzählung, mit welchen „Techniken" Schockzustände erzielt werden können:

- Lautes Anschreien.
- Ins Gesicht spucken.
- Beißen.
- Sich ruckartig groß machen.
- Tränengas, Haarspray oder Autolack ins Gesicht sprühen.
- Einen Gegenstand (z. B. einen Schlüssel oder Zeitung) ins Gesicht werfen.
- Eine Schlag- oder Tritttechnik ausführen.
- Eine nicht vorhandene Person rufen („Robert, hilf mir mal!").
- Den nicht vorhandenen Hund rufen („Paul, fass!").

# 2 Verhaltensweisen in Verteidigungssituationen

Im Folgenden werden einige Verhaltensweisen in gefährlichen Situationen aufgezeigt. Wenn du diese befolgst, hast du in einer Verteidigungssituation bessere Chancen, einen Angriff erfolgreich abzuwehren.

- Konzentriere dich auf deine Atmung. Versuche, ruhig zu atmen, um deine Nervosität zu mindern.

- Wenn du einen Angriff von hinten zu erwarten hast, dann wende dich dem Angreifer zu. Ein Angriff von hinten wäre ungünstiger für dich.

- Ist in der Nähe Hilfe vorhanden, dann laufe laut schreiend davon.

- Ist keine Hilfe zu erwarten, dann stelle dich dem Angreifer.

- Lasse den Angreifer nicht aus den Augen. Beobachte seinen ganzen Körper. Wenn du nur in die Augen siehst, kannst du einen Angriff, der mit den Beinen erfolgt, zu spät erkennen.

- Nimm deine persönliche Verteidigungsstellung ein, hebe deine Arme so zur Deckung an, dass der Angreifer dies nicht erkennt und versuche, die größtmögliche Distanz zum Angreifer zu gewinnen. Verschiedene Verteidigungsstellungen sind weiter hinten im Buch beschrieben.

- Versuche, ein Hindernis zwischen dich und den Angreifer zu bringen, um zusätzliche Zeit bei einem Übergriff zu gewinnen. Dies ist umso wichtiger, falls der Angreifer eine Waffe benutzt.

- Alle Personen in einem Umkreis von bis zu 6 m können dir jederzeit gefährlich werden.

- Bücke dich nicht, um einen Gegenstand aufzuheben. Ein Bekannter des Angreifers könnte nämlich dein Bücken ausnutzen und dir z. B. ins Gesicht treten.

# 3 Verteidigung gegen mehrere Angreifer

Ein Angreifer ist schon schlimm genug, aber was kann man tun, wenn es mehrere sind?

- Bleibe niemals zwischen den beiden stehen. Hier ist eine verletzungsfreie Verteidigung so gut wie ausgeschlossen. Positioniere dich so, dass ein Angreifer vor dem anderen steht, sodass immer nur eine Person dich direkt angreifen kann.

- Reagiere beim ersten Angreifer so hart, dass es ziemlich ausgeschlossen ist, dass dieser dich in den nächsten Minuten noch einmal angreift. In diesem Fall könnte ich mir einen Fa6ststoß zur Nase oder einen Tritt zum Genitalbereich vorstellen.

- Wenn du von mehreren Angreifern festgehalten wirst, überlege bitte Folgendes:
  - Versuche niemals, mit Kraft einen Haltegriff zu lösen. Gehe immer davon aus, dass der andere stärker ist. Spare dir die Kraft für Effektiveres.
  - Überlege, welche Extremitäten inklusive Kopf du zur freien Verfügung hast. Wenn du eine Hand frei hast, könntest du zum Beispiel einen Faststoß zum Kopf oder Bauch ausführen. Werden beide Arme festgehalten und die Beine sind frei, so könntest du eine Tritttechnik, z. B. gegen das Schienbein oder auf den Fuß, platzieren.

# 4 Wenn Widerstand nicht möglich ist

Der Angreifer hält dir ein Messer an den Hals oder er steht ein paar Meter vor dir und hat eine Schusswaffe in der Hand. Wenn du dich in einer solchen oder ähnlichen Situation befindest, so versuche, im ersten Schritt keine Selbstverteidigungstechniken anzuwenden, sondern beginne ruhig zu reden. Sofern der Angreifer nur Geld oder Gegenstände haben möchte (z. B. die Jacke), so gebe diese her. Solltest du die Möglichkeit zur Flucht haben, dann renne!

# 5 Abwehrtechniken im Gelbgurtprogramm

## 5.1 Schlagtechniken

Zu den Schlagtechniken beim Gelbgurt zählen:

*Einzeltechnik*

- Fauststöße:
  - Einzeltechnik und
  - Kettenfauststoß.

*Kettenfauststoß*

- Faustschläge:
  - Faustrückenschlag,

*Faustrückenschlag*

- Schwinger/Haken,
- Aufwärtshaken und
- Hammerschlag.

Schwinger

Aufwärtshaken

Hammerschlag

- Handballentechniken:
  - Handballenstoß und
  - Handballenschlag.

Handballenstoß

Der Unterschied zwischen einem **Schlag** und **Stoß** besteht darin, dass ein Stoß immer geradlinig und der Schlag in einer kreisförmigen Bewegung zum Ziel geführt wird.

Handballenschlag

Du solltest mit äußerster Konzentration, Kraft und Schnelligkeit auf möglichst kurzem Weg das Ziel erreichen, für einen Moment Kontakt mit dem Körper des Angreifers aufnehmen und die Energie auf diesen übertragen. Die Wirkung erhöht sich, wenn mit einer relativ kleinen Fläche das Ziel getroffen wird. Für Mädchen eignen sich insbesondere die Handballenschläge und -stöße, da viele zum einen die Faust falsch ballen und sich bei einem Schlag durch das oftmals geknickte Handgelenk selbst die Hand brechen könnten.

- Die Handballenschläge richten sich in erster Linie gegen die Nase, den Bauch und den Genitalbereich.

## 5.2 Fußtechniken

Zu den Fußtritten, und -stößen zählen:

- Fußstoß vorwärts,
- Fußstoß seitwärts,
- Fußstoß rückwärts,
- Fußstoß abwärts und
- Fußtritte vorwärts und rückwärts.

Fußstoß vorwärts

Fußstoß seitwärts

Fußstoß rückwärts

Fußstoß abwärts

*Halbkreisfußtritt vorwärts*

*Halbkreisfußtritt rückwärts*

Für den geübten Kampfsportler kommen noch folgende Techniken hinzu:

*Stoppfußtritt*

*   Halbkreisfußtritt vorwärts und rückwärts sowie
*   Stoppfußstoß.

Der Unterschied zwischen **Fußstoß** und -tritt liegt darin, dass beim Fußstoß das Bein mit Einsatz der Hüfte nach vorn geschoben wird, wogegen beim Tritt nur eine Schnappbewegung erfolgt. Ohne vorhergehendes Training wird es mit Schwierigkeiten verbunden sein, Fußtritte oder -stöße oberhalb der Gürtellinie wirksam anzusetzen. Als Ziele unterhalb der Gürtellinie bietet sich der Genitalbereich, das Knie, das Schienbein und der Fußspann des Angreifers an.

Fußtritt vorwärts, Fußstoß seitwärts und Fußstoß abwärts gelten hier als die effektivsten Techniken. Der Fußtritt vorwärts wird überwiegend zum Genitalbereich gerichtet, da nach einer erfolgreichen Aktion keine Gegenwehr vom Angreifer zu befürchten ist. In zweiter Linie gehen die Tritte in Richtung Knie und Schienbein. Beide Möglichkeiten sind sehr schmerzvoll. Wird der Tritt zum Knie mit viel Energie durchgeführt, so besteht die Gefahr, dass das Bein bricht.

Es gibt zwei Möglichkeiten der Trittausführung: Zum einen werden die Zehen angezogen, die Auftrefffläche ist der Fußballen. Als zweite Möglichkeit eignet sich besonders der Tritt in die Genitalien mit dem Fußrücken. Bei beiden Arten wird zuerst das Knie angehoben und dann eine Schnappbewegung mit dem Fuß ausgeführt. Ein Tritt mit den Zehen nach vorn kann für den Verteidiger sehr schmerzhaft sein.

Der Fußstoß seitwärts richtet sich gegen das Knie, wobei zuerst das eigene Knie hochgezogen wird, um dann das Bein mit voller Wucht in die Kniekehle oder gegen das Knie des Angreifers zu stoßen.

Besonders bei Umklammerungen eignet sich der Fußstoß abwärts.

Er richtet sich gegen den Spann des Gegners. Das Knie wird hochgerissen und mit dem Absatz auf den Spann des gegnerischen Fußes getreten.

Schmerzhafter wird es noch, wenn man beim Abwärtsstoßen mit der Schuhsohlenkante am Schienbein herunterrutscht und dabei die Haut herunterreißt.

## 5.3 Knietechniken

Der Hauptunterschied zwischen **Knieschlägen** und **-stößen** liegt darin, dass bei Kniestößen das Bein angehoben und die Hüfte mit nach vorn geschoben wird. Bei Knieschlägen erfolgt eine kreisförmige Bewegung von unten nach oben. Knieschläge sind für den Anfänger sehr zu empfehlen, da sie leicht erlernbar sind und mit relativ geringem Einsatz eine große Wirkung erzielt werden kann.

*Knieschlag*

*Kniestoß*

Das Knie sollte nach Möglichkeit den Bauch oder Genitalbereich attackieren, wobei auch hier an das Verletzungsrisiko gedacht werden muss. Sie zählen mit zu den härtesten „Körperwaffen". Der Kniestoß wird ebenfalls gegen den Bauch und Genitalbereich, aber auch gegen den Oberschenkel ausgeführt.

# 5.4 Wurf- und Hebeltechniken

Würfe und Hebel sind zum Teil sehr effektive Techniken, die jedoch einen großen Nachteil aufweisen: sie müssen regelmäßig und im Verhältnis zu Schlag- und Tritttechniken länger trainiert werden. Außerdem muss der Fallende die sogenannte **Fallschule** beherrschen, sofern er sich nicht verletzen will. Das Prinzip der Wurftechniken beruht darauf, den zu werfenden Partner unter Ausnutzung seiner Kraft und Bewegung durch Zug oder Druck aus dem Gleichgewicht zu bringen und ihm seine Unterstützungsfläche zu nehmen. Sofern man dem Gegner körperlich überlegen ist, kann man diese Techniken durchaus auch erfolgreich einsetzen. Der Gelbgurt beinhaltet das *Beinstellen*.

*Wurftechnik*

*Hebeltechnik 1*

*Hebeltechnik 2*

Das Prinzip der Hebeltechniken beruht darauf, Gelenke in natürlicher Bewegungsrichtung oder gegen die natürliche Bewegungsrichtung zu überdehnen oder zu verdrehen. Der Armstreckhebel in der Bodenlage ist hier die Technik, die der Prüfling zum Gelbgurt zeigen muss.

## 5.5    Blocktechniken

Hier, beim Gelbgurt, soll der Prüfling die **Passivblöcke** anwenden. Dabei geht es darum, den natürlichen Reflex zu nutzen und den Arm schützend vor den Körper zu halten.

Anzumerken ist dabei, dass Aktivblöcke, wie wir sie zum Beispiel aus dem Karate kennen und wie sie auch ab dem Orangegurt im Ju-Jutsu ausgeführt wurden, für den Anfänger nicht geeignet sind. Diese Bewegungen dauern viel zu lang. Passivblöcke sind deshalb zu bevorzugen sowie diverse Fegetechniken mit den Händen.

*Passivblock*

*Aktivblock*

## 5.6    Fegetechniken

Die Fegetechniken lassen sich mit der Rückhand und mit der Vorhand ausführen. Aus Gründen der Eigensicherung empfiehlt es sich auch hier, Angriffe mit einem Messer mit dem Handrücken zu fegen, damit bei einem Zurückziehen der Waffe durch den Angreifer die Verletzungen nicht zu schwerwiegend ausfallen. Die Fegetechniken können auch diagonal angewendet werden, das heißt, bei einem Angriff mit der rechten Hand kontert der Verteidiger auch mit der rechten Hand. Dieser Bewegungsablauf stellt höhere Anforderungen an die koordinativen Fähigkeiten des Verteidigers, da durch das Überschreiten der Körpermittellinie mit dem Arm eine Übergabe der Steuerung an die andere Gehirnhälfte erfolgt. Nicht jeder verfügt über diese Fähigkeiten, hier schnell reagieren zu können und muss sich diese Bewegungsabläufe erst erarbeiten. Ein Angriff wird in der Regel so schnell ausgeführt, dass wir nur eine Chance haben, wenn wir reflexartig reagieren. Somit sollten wir immer von einem gefährlichen Angriff (dem Messerschnitt/-stich) ausgehen und die Fegetechnik, wie oben beschrieben, auch bei Angriffen ohne Waffen trainieren.

*Fegetechniken*

## 5.7 Einsatz von Block- oder Fegetechniken

Der Einsatz von Block- oder Fegetechniken hängt mit der Distanz zwischen Angreifer und Verteidiger zusammen. Der Zusammenhang wird im Folgenden erklärt.

Grundsätzlich sollte ein Anfänger mit folgenden Prinzipien beginnen:

**Grundlegende Prinzipien beim Einsatz von Block- oder Fegetechniken**

- Aufnahme des gegnerischen Arms mit der näheren Hand, um den natürlichen Reflex zu nutzen.

- Die Handfläche zeigt bei einer Block- oder Fegetechnik (so weit es möglich ist) in Richtung Boden, um eine mögliche Schnittverletzung (z. B. bei Messerangriffen) zu minimieren.

- Der Verteidiger sollte immer versuchen, auf die Außenseite des Angreifers zu kommen, da in dieser Position die Eigengefährdung geringer ist, als wenn man direkt vor dem Angreifer steht.

# 6 Kampfdistanzen

Wie generell in der Selbstverteidigung, gibt es auch im Bereich der Verteidigung gegen die Waffe unterschiedliche Distanzen.

## 6.1 Trittdistanz

Der Angreifer kann mit der ausgestreckten Hand den Verteidiger nicht berühren.

## 6.2 Boxdistanz

Der Angreifer kann mit der ausgestreckten Hand die Nase des Verteidigers berühren.

## 6.3 Trappingdistanz

Der Angreifer kann mit der ausgestreckten Hand das Ohr des Verteidigers berühren.

## 6.4    Wurf- und Bodendistanz

Der Angreifer kann mit der ausgestreckten Hand den Nacken des Verteidigers berühren.

# 7 Tipps fürs Training

- Zuerst sollte nur der Technikablauf trainiert werden. Dabei leistet der Partner keinen Widerstand. Erst wenn alles in „Fleisch und Blut" übergegangen ist, leistet der Partner Widerstand (70 %), um zu sehen, ob die Technik auch funktioniert.

- Die erlernten Techniken sollten an jemand „ausprobiert" werden, der technisch schlechter (ein Anfänger mit etwas Erfahrung) und leichter ist. Hier kann man das Erlernte einsetzen, ohne mit effektiven Gegentechniken rechnen zu müssen. Wenn der Partner erfahrener und vielleicht auch noch stärker ist, besteht die Gefahr, dass man die neuen Techniken für nicht effektiv (weil nicht anwendbar) hält und trainiert sie nicht mehr.

- Wenn eine Technik im Training nicht gelingt, weil man die Umsetzung nicht versteht, kann es sinnvoll sein, eine kurze Pause einzulegen (zum Beispiel etwas trinken oder zur Toilette gehen). In diesem Fall kann eine Blockade der beiden Gehirnhälften vorliegen (Rechts-links-Blockade). Beide Gehirnhälften haben ihre eigene Funktionalität. Die linke Gehirnhälfte steuert bei vielen Menschen die Funktionen Logik, Analyse, Sprache, Zahlen, Linearität, Folge und anderes. Die rechte Gehirnhälfte ist für Rhythmus, Raumwahrnehmung, Dimension, Fantasie und anderes zuständig. Um einen Bewegungsablauf durchzuführen, müssen beide Gehirnhälften miteinander arbeiten. In Stresssituationen oder bei Überlastung (was auch Stress sein kann) ist es möglich, dass dies nicht der Fall ist. Die Bewegung löst somit diese Blockade auf. Diese „Technik" kann auch bei Alltagsproblemen angewendet werden. Im Bereich der *Kinesiologie* gibt es viele Übungen, die dazu beitragen, dass beide Gehirnhälften besser miteinander arbeiten. Auch das Doppelstocktraining im Kali (Arnis und Eskrima) trägt dazu bei, diese Fähigkeiten zu verbessern. Werden die komplexen Übungen, die beide Gehirnhälften beanspruchen, oft wiederholt, so bilden sich zusätzliche Verbindungen zwischen beiden Gehirnhälften (sogenannte *Synapsen*). Dies ermöglicht es uns, dann schneller die Technikabläufe durchzuführen. Studien des Gehirns haben gezeigt, dass zum Beispiel durch ein Training der rhythmischen Bewegungsabläufe (rechte Gehirnhälfte) auch das sprachliche Denken (linke Gehirnhälfte) verbessert wird, also dass die Förderung der Fähigkeiten einer Gehirnhälfte auch der anderen Hälfte zugute kommt.

- Zum anderen bietet diese Pause eine gute Gelegenheit, das Erlernte nochmals zu überdenken und sich auf das Kommende vorzubereiten. Diese Pausen sollten jedoch nicht länger als 10 Minuten sein. Die ersten kurzen Pausen sollten zum optimalen Lernen schon nach ca. 60 Minuten Training erfolgen.

- Kurz nach Beendigung des Trainings ist das Erlernte zum großen Teil noch abrufbar. Einen Tag später ist es schon fast unmöglich, sich noch an alle Details zu erinnern. Das Erinnerungsvermögen hängt auch damit zusammen, mit welchem Interesse man das Ganze im Training verfolgt hat. Dinge, die einen sehr interessieren, bleiben eher im Gedächtnis als die anderen Dinge. Aus diesem Grund ist es sinnvoll, direkt nach dem Training das Erlernte zusammenzufassen (zu konsolidieren) und aufzuschreiben. Am nächsten Tag sollte es nochmals wiederholt und, falls notwendig, ergänzt werden.

- Aufgeschriebenes (oder auch Gemerktes) lässt sich mental trainieren. Eine Möglichkeit wäre, dass der Lernende die Technikbeschreibung vom Vortag laut vorliest und sich dabei die Situation vergegenwärtigt, beziehungsweise die Techniken in einer Art „Schattenboxen" nachübt. Eine andere Methode wäre, wenn sich der Lernende die Situation komplett vorstellt. Er sieht sich in Gedanken selbst in einem Film in Aktion und durchlebt die Kombinationen vom Vortag. Das Geschriebene kann man auch auf eine Kassette oder CD sprechen und dann anhören (zum Beispiel während der Zugfahrt oder auch zu Hause). Während man dem Text zuhört, stellt man sich die Situation möglichst farbig vor. Damit man sich etwas besonders gut merken kann, ist es vorteilhaft, möglichst viel Sinne gleichzeitig einzusetzen. Damit meine ich nicht nur das Sehen oder Hören, sondern vor allem auch das Fühlen. Es bleibt mir wesentlich besser in Erinnerung, wenn ich mir die Wirkung eines Hebels oder Würgers intensiv vorstelle, als wenn ich nur den Text höre. Übertreibung ist auch ein Mittel, um Gelerntes besser zu behalten.

- Positives Denken ist erforderlich, um erfolgreich zu sein. Wenn der Trainierende sich vor der Übung negativ beeinflusst („Der andere ist ja so groß und so furchtbar stark und der sieht ja auch so gefährlich aus, ..."), wird er oftmals nicht erfolgreich sein, weil er im Vorfeld schon aufgegeben hat. Wenn ein Mensch sich vor einer Aufgabe (und das betrifft nicht nur den Sport) positiv stimuliert, wird er es wesentlich einfacher haben, sein Ziel zu erreichen.

- Um erfolgreich zu sein (und das nicht nur im Sport), macht es Sinn, kurz-, mittel- und langfristige Ziele zu formulieren. Diese sollten allerdings realistisch, das heißt erreichbar sein. Die Ziele kann man sich auf einen Zettel schreiben und zum Beispiel an den Badezimmerspiegel kleben, damit man ständig daran erinnert wird. Ein Ziel könnte lauten: „Ich gewinne die nächste Meisterschaft".

- Zur Umsetzung der gesteckten Ziele hilft das autogene Training. Hierbei versetzt sich der Trainierende in einen Zustand, in dem er für die Aufnahme von Formulierungen (zum Beispiel Leitsätzen) ins Unterbewusstsein bereit ist. Diese Formulierungen sollten immer positiv formuliert werden. Falsch wäre: „Ich habe keine Angst". Besser: „Ich schaffe es" oder: „Ich bin mutig". Der Sinn liegt darin, dass diese Formulierungen automatisch in bestimmten Situationen ins Gedächtnis gerufen werden. Für diesen Bereich wie für das mentale Training gibt es umfangreiche Literatur.

# 8 Freie Anwendungsformen (Sparring) – wie fängt man damit richtig an?

Wenn du mit dem Sparring anfangen möchtest oder wenn du jemanden an das Sparring heranführen möchtest, so ist es ratsam, einige Dinge zu beachten. Ein Sportler, der noch nie einen Schlag ins Gesicht bekommen hat, muss in der Regel erst langsam daran gewöhnt werden, sonst könnte es sein, dass er sehr schnell mit diesem Sport aufhört. Auch im Bodenkampf ist einiges zu beachten. Ich selbst habe einmal als Übungsleiter den Fehler gemacht und einem ca. 60 kg schweren Mann (Anfänger) für den Bodenkampf einen Gegner mit über 100 kg (ebenfalls Anfänger) zu geben. Der schwerere Mann warf sich unkontrolliert auf den Leichteren und rollte auf ihm herum. Bis ich registriert hatte, was hier passierte, war es im Prinzip schon zu spät. Der leichtere Mann war schockiert, vielleicht sogar von mir enttäuscht und ist nicht mehr zurück ins Training gekommen.

Meinem Sohn ist es mit acht Jahren ebenso im Kindertraining ergangen. Die Kinderübungsleiterin hat ihm einen viel älteren und vor allem schwereren Jungen für den Bodenkampf zugewiesen. Dieser hopste auf meinem Sohn herum und die Kinderübungsleiterin griff nicht ein. Die Folge war, dass mein Sohn diese Sportart nicht weitertrainiert hat.

Ich weise in fast jedem Training (insbesondere im Kindertraining) darauf hin, dass jeder auf den anderen aufpassen soll und dass wir die Härte der Körpertreffer absprechen. Jeder sollte seinem Partner sagen, bis zu welchem Härtegrad ein Treffer akzeptiert wird und der Partner muss (!) sich daran halten. Mit dieser Vorgehensweise steigert man über die Zeit die Härte (auch im Bodenkampf).

Welche Vorgehensweise könnte man also wählen, um jemanden behutsam an die freien Anwendungsformen (Sparring) heranzuführen? Nachdem der Anfänger einige Grundlagentechniken erlernt hat (Schrittarbeit, das Parieren von Schlägen), beginnen die Übungskämpfe. Zu beachten ist jedoch, dass Aktivblöcke, wie wir sie zum Beispiel aus dem Karate kennen und wie sie viele Jahre im Ju-Jutsu ausgeführt wurden, sich für den Anfänger nicht eignen. Diese Bewegungen dauern viel zu lang. Passivblöcke sind zu bevorzugen und diverse Fegetechniken mit den Händen.

Bevor die erste Übungsform im Bereich der freien Anwendungsformen (Sparring) genannt wird, wird eine der Standarddeckungshaltungen skizziert. Sobald man sich in der Boxdistanz befindet (der Partner kann mit seiner Faust die gegnerische Hand berühren), sollten die eigenen Fäuste Kontakt mit dem eigenen Kiefer, dem Jochbein oder der

Schläfe/Stirn haben. Wenn wir selbst schlagen, schützt die Schulter des schlagenden Arms den eigenen Kiefer. Die Faust der nichtschlagenden Hand liegt weiterhin eng am Kopf. Im Anfängerbereich stellt man oft fest, dass die Deckung zwar am Anfang richtig positioniert ist, jedoch nach dem ersten Schlag fällt und erst am Ende der Kombination wieder richtig eingenommen wird. Folgende Regel sollte bei der Ausführung einer Schlagtechnik gelten: „Die nichtschlagende Hand schützt immer das Kinn bzw. den Kopf." Diese Technik nennt man auch den **thailändischen Kopfkreuzblock**.

Wie nehmen wir die Deckung ein? Die Arme seitlich am Oberkörper herunterhängen lassen, die Arme anwinkeln und den Kopf, die Leber und die Milz schützen. Den Bauchbereich sichert man durch kleine Bewegungen der Unterarme oder durch eine Bewegung des Oberkörpers. Weiterhin sollte mittelfristig die Bauchmuskulatur so trainiert sein, dass die Schläge zum Bauch keine Wirkung zeigen. Ein Schlag z. B. zur Leber könnte jedoch den K. o. zur Folge haben. Auch hier bietet es sich an, anfangs mit der offenen Hand leichte Schläge zur Leber auszuführen, um diesen Bereich abzuhärten.

An dieser Stelle möchte ich nochmals auf die Vorgehensweise bei den Übungskämpfen hinweisen. Diese sollen ruhig und kontrolliert durchgeführt werden. Die Schläge sollen in einem langsamen Rhythmus praktiziert werden. Wenn einer der Partner zu schnell oder zu hart agiert, entsteht sehr schnell eine angespannte Situation, beide Partner geraten in Stress, die Härte der Treffer  nimmt zu und damit wäre der erwünschte Trainingseffekt dahin.

Folgende Stufen für Übungskämpfe bieten sich für Anfänger an:

**1.** A und V stehen sich gegenüber. Beide haben die Hände geöffnet. Die Distanz ist so gewählt, dass sich beide auch beim Einsatz von Tritttechniken nicht berühren können. In dieser Distanz führen die beiden einen Übungskampf aus, wobei jeder Partner versuchen sollte, die Schlag- und Tritttechniken des anderen zu blocken/fegen und ebenfalls zu kontern. Zu keinem Zeitpunkt haben beide jedoch Kontakt miteinander. Es ist so eine Art Schattenboxen. Dieses Training eignet sich insbesondere für Kinder sehr gut. Diese Übung würde ich mit Kindern eine Minute und mit Erwachsenen zwei Minuten in mehreren Wiederholungen durchführen. Die Pausenzeit zwischen den Wiederholungen beträgt 3-5 Minuten (je nach Intensität des Übungskampfs). Der Anfänger wird hier feststellen, wie lange doch zwei Minuten sein können und merkt vielleicht sogar, dass er nicht über die gesamte Zeit die Deckung oben halten kann.

**2.** Die nächste Stufe läuft wie Stufe eins ab. Nur wird hier z. B. ein Schlagpolster (Pratze) auf den Boden gelegt. Dieses befindet sich zwischen den Übenden. Zu keinem Zeitpunkt darf einer der Übenden über das Schlagpolster treten. Somit ist gewährleistet, dass sich die beiden nicht berühren.

**3.** A und V stehen sich in einer Distanz gegenüber, in der es möglich ist, nachdem man einen kleinen Schritt getätigt hat, den anderen mit der Hand zu berühren. Dabei wird mit der linken Hand geblockt oder gefegt und mit der rechten Hand die Schlagtechnik ausgeführt.

**4.** A und V stehen sich in einer Distanz gegenüber, in der es möglich ist, nachdem man einen kleinen Schritt getätigt hat, den anderen mit der Hand zu berühren. Dabei wird mit der rechten Hand geblockt oder gefegt und mit der linken Hand die Schlagtechnik ausgeführt.

**5.** A und V stehen sich in einer Distanz gegenüber, in der es möglich ist, nachdem man einen kleinen Schritt getätigt hat, den anderen mit der Hand zu berühren. Dabei wird nun frei geblockt/gefegt und geschlagen.

# 9     Es gibt nicht nur eine Lösung!

Die von mir vorgestellten Kombinationen sind EINE Möglichkeit von vielen. Wenn der Übungsleiter andere Kombinationen bevorzugt, so ist das absolut in Ordnung. Ich erhebe keinesfalls den Anspruch, dass das von mir Gezeigte das einzig Machbare ist. Wie schon im Vorwort geschrieben, wünsche ich mir, dass du alles, was du gut findest, übernimmst. Alles andere kannst du wieder vergessen oder nach deinen Erfordernissen abwandeln.

# IV    Nützliche Hinweise und Tipps

## 1    Wie findest du den richtigen Übungsleiter?

Du hast dir dieses Buch gekauft, weil du vielleicht für dein Kind eine Selbstverteidigungssportart suchst oder weil du dich selbst für Selbstverteidigung interessierst. Mit dem Ju-Jutsu bist du dabei schon auf einem sehr guten Weg. Jetzt geht es nur noch um die richtige Sportschule oder den richtigen Verein. Für mich persönlich ist der Übungsleiter fast wichtiger als die Selbstverteidigungssportart selbst. Das soll heißen, dass ich mein Kind eher zu einem guten Judo-/Karateübungsleiter bringen würde als zu einem schlechten Ju-Jutsu-Übungsleiter. Wie erkennt man nun einen guten Übungsleiter?

Wenn der Übungsleiter eine hohe Graduierung (Schwarzgurt), eine Übungsleiter- oder Jugendleiterausbildung oder Wettkampferfolge aufzuweisen hat, ist das schon mal ein gutes Indiz. Weiterhin würde ich nachfragen, wie oft sich der Übungsleiter durch eigene Lehrgänge fortbildet. Dann schaue dir die Gruppe an. Ein Übungsleiter kann gut 10 Kinder trainieren. Sind mehr als 10 Kinder anwesend, dann macht es Sinn, einen zweiten oder dritten Übungsleiter einzusetzen. Wenn die Kinder jünger als acht Jahre sind, sind 10 Kinder für einen Übungsleiter schon zu viel. Es kommt wirklich darauf an, was du suchst. Möchtest du, dass dein Kind während deines Einkaufs gut untergebracht ist oder soll es ausgebildet werden? Die Kinder könntest du auch im „Kinderparadies" bei vielen Möbelhäusern abgeben, da kostet die Betreuung gar nichts.

Der Kampfsport ist eine Individualsportart, d. h., der Übungsleiter muss sich um jeden Einzelnen kümmern. Die Kinder trainieren nach einer gewissen Zeit unterschiedliche Dinge und müssen alle betreut werden. Wenn also 10 Kinder anwesend sind und das Training dauert eine Stunde, dann hat jedes Kind ca. sechs Minuten Betreuung des Übungsleiters zur Verfügung. In der Schule machen alle das Gleiche, von daher können es auch mehr Kinder sein.

Weiterhin solltest du darauf achten, wie lange das Training ist. Kinder mit einem Alter von acht Jahren können sich nach meiner Erfahrung ca. 45-50 Minuten konzentrieren, d. h., ich würde für Kinder eine Trainingseinheit von 60 Minuten anbieten. Eine Trainingszeit von zwei Stunden ist viel zu lang für die Kinder, sodass die Übungsleiter viel Zeit mit Spielen verbringen müssen. Die Kinder sind dann gegen Ende der Trainingseinheit unkonzentriert, nörgeln und der Übungsleiter muss dann vielleicht auch einmal streng sein, sodass die Kinder mit einem unguten Gefühl nach Hause gehen und somit die Eltern dann jede

Woche die Kinder zum Training „nötigen" müssen. Eine Stunde geht sehr schnell vorbei und die meisten Kinder werden sich auf das nächste Training freuen. Dann solltest du darauf achten, wie der Übungsleiter korrigiert. Beschäftigt er sich nur mit einem Kind und die anderen stehen ohne Aufgabe auf der Matte und machen Blödsinn oder sind die Kinder in der  Zwischenzeit mit einem Techniktraining beschäftigt? Ich kenne Übungsleiter, die lassen sich die Kinder in einer Reihe aufstellen. Dann darf jedes Kind seine Falltechnik zeigen. Eins nach dem anderen. Der Übungsleiter verbessert das Kind direkt. Während dieser Zeit stehen die anderen Kinder in der Reihe und nach einer gewissen Zeit werden diese unruhig. Dieses Vorgehen ist nicht effektiv. Ich selbst würde hier alle Kinder gleichzeitig die Falltechniken machen lassen. Dabei würde ich eines der Kinder das Kommando zum Fallen geben lassen und ich selbst hätte die Möglichkeit, Korrekturen vorzunehmen. So haben die Kinder viel mehr davon. Auch die Bewegungstechnik (Gleiten, Auslagenwechsel, Körperabbiegen, ...) würde ich nicht einzeln, sondern immer komplett trainieren. Ähnlich wie im Karatetraining eine Kata (festgelegter Bewegungsablauf) vorgeführt wird, würde ich im Ju-Jutsu die Bewegungstechnik in einen festen Bewegungsablauf einbauen, sodass ich als Übungsleiter wieder alle Kinder beschäftigt habe. Ein Kind könnte wieder Kommandos geben, sodass ich Gelegenheit zur Korrektur der Einzelnen habe.

Auch bin ich mittlerweile kein Freund mehr von einem klassischen Aufwärmtraining mit Liegestützen, Situps, Kniebeugen usw. Oft benutze ich das Techniktraining, um die Kinder (oder auch die Erwachsenen) aufzuwärmen. Dafür arbeite ich gerne mit Schlagpolstern (Pratzen). Die Kombinationen gebe ich vor und lasse die Kinder diese ca. 1,5-2 Minuten schlagen. Danach erfolgt der Wechsel. Wenn sich ein Kind nicht nach dem Schlagen zurückbewegt, bekommt es von mir einen kleinen Klaps mit der Pratze auf den Körper. Nach kurzer Zeit bewegen sich die Kinder so schnell, dass es für mich unmöglich ist, sie mit der Pratze zu erwischen.

Dieses Training gefällt den Kindern und ihre Bewegungstechnik (Schrittarbeit) verbessert sich sehr schnell. Dieses Training war bis vor kurzem noch Bestandteil des Prüfungsprogramms (allerdings erst in den höheren Gürtelgraden).

Weiterhin solltest du dir überlegen, ob ein Prüfungsprogramm (Judo, Ju-Jutsu, Karate) das ist, was du suchst. Wäre es nicht auch interessant, ob das Thema „Prävention" und „Selbstbehautpung" geschult wird? Üben die Kinder schreien? Üben die Kinder die Schlagtechniken regelmäßig an Schlagpolstern oder stehen sie nur da und üben an einem wehrlosen Partner ihre Abwehrtechniken? Das Ju-Jutsu ist ein sehr gutes Programm für die Selbstverteidigung. Manche Übungsleiter haben hier eine entsprechende Fortbildung besucht und bieten auch die von mir angesprochenen Themen an.

Den von mir eingesetzten Übungsleitern und mir selbst reicht ein reines Prüfungsprogrammtraining nicht aus, sodass ich zusätzlich zum Ju-Jutsu noch mein eigenes System, das Open Mind Combat® – Street Safe (www.fight-academy.eu), für Kinder anbiete. Dort lege ich auf das oben Geschriebene viel Wert. Auch haben wir weitere Techniken, wie das „Zwicken", ins Training integriert, was die Kinder zur Selbstverteidigung gut nutzen können. Auch über das Beißen sollte nachgedacht werden. Wenn sich ein Kind in der Bodenlage befindet und ein viel schwereres Kind sitzt/liegt auf ihm drauf. Wie soll sich das Kind aus dieser Lage befreien? Fingerstiche in die Augen oder Schläge zum Genitalbereich finde ich ein wenig hart. Hier bevorzuge ich dann eher das Zwicken oder auch mal einen gezielten Biss (damit meine ich nicht blutig beißen!).

Meine Übungsleiter im Kindertraining verfügen über viele Jahre an Erfahrung in mehr als einer Kampfsportart, sind teilweise im Wettkampf sehr erfolgreich gewesen und haben teilweise auch eine Ausbildung als Jugendleiter. Trotzdem bieten wir mit Sicherheit nicht die optimale Lösung für alle. Wenn jemand einen antiautoritären Übungsleiter oder einen „Aufbewahrungsort für Kinder" sucht, dann ist er bei uns falsch. Wir leben einen kumpelhaften und, wenn notwendig, autoritären Führungsstil. Mit Spaß und guter Technik versuchen wir, das Beste aus dem Einzelnen herauszuholen.

Wenn du also auf der Suche nach einem Übungsleiter bist, dann besuche sein Training mit deinem Kind, schaue ein paar Mal zu, überlege, was deine Vorstellungen sind und vertraue dann auf dein „Bauchgefühl". Ich hoffe, dir mit dem Geschriebenen ein paar Punkte zum Nachdenken geliefert zu haben.

## 2    Mann, ist der schlecht gelaunt!

Lieber Leser, wir Übungsleiter sind auch nur Menschen, haben mal gute und mal schlechte Tage. Es ist zwar nicht in Ordnung, wenn man seine Verstimmung im Training an Unschuldigen auslässt, aber das passiert bestimmt ab und an mal. Mittlerweile sage ich gleich am Anfang des Trainings, wenn ich einen schlechten Tag habe, sodass alle wissen, dass mein schlecht gelauntes Gesicht nichts mit den Anwesenden zu tun hat.

Sollte sich aber jemand ungerecht behandelt fühlen, dann würde ich vorschlagen, dies in einem persönlichen Gespräch mit dem Übungsleiter (am besten ein paar Tage später) zu klären. Eine Rechtfertigung auf der Matte könnte eine andere Aussage bringen, als sie in einem persönlichen Gespräch gemacht worden wäre.

# 3    Denke mit und frage nach!

Wenn du Techniken gezeigt bekommst, dann gehe nicht davon aus, dass sie auch praxisnah und anwendbar sind und für die Selbstverteidigung funktionieren, nur weil sie dir ein Schwarzgurt gezeigt hat. Immer wieder sehe ich Sportler, die angreifen und nach dem Angriff „einfrieren", d. h., sie ziehen den Angriffsarm oder das Bein nicht zurück und lassen dem Partner Zeit, seine Kombination durchzuführen. Zu diesem Punkt folgen zu einem späteren Zeitpunkt noch weitere Anregungen.

Überlege ständig selbst, ob das Gezeigte wirklich funktioniert und frage nach, wenn dir etwas nicht klar ist. In Deutschland erlebe ich es selten, dass mich Teilnehmer etwas fragen. In Russland ist das ganz normal. Dort wird man während des Lehrgangs ständig gefragt, warum man nun die Kombination genau so und nicht anders macht. Die Teilnehmer sind dabei sehr höflich, aber sie möchten genau wissen, warum etwas auf eine bestimmte Art und Weise gemacht werden soll. Dies ist auch wichtig, wenn du selbst Übungsleiter werden willst. Spätestens dann solltest du verstanden haben, wie die Techniken funktionieren.

# 4    Schwere Krankheiten

Ich selbst habe Asthma und mein Sohn hat eine Aortenstenose, das ist eine Herzkrankheit, die sehr gefährlich sein kann (je nach Grad der Verengung der Aortenklappe). Da Kinder mit solch einer Krankheit nicht gerne von Vereinen und Schulen aufgenommen werden, hatte ich vor, gerade für diese Kinder eine neue Gruppe zu eröffnen. Somit habe ich mich von einem Juristen des LandesSportBundes beraten lassen. Dieser hat mir ganz klar davon abgeraten. Der Grund ist, dass der Übungsleiter und der Verein dafür haften, wenn dem Kind etwas passiert. Wenn wir also Kinder mit einer dieser Krankheiten trainieren, dann müssen die Übungsleiter eine Ausbildung in diesem Bereich haben und am besten sollte noch ein Arzt beim Training anwesend sein. Der Jurist wies mich auch darauf hin, dass es mir nicht helfen würde, wenn die Eltern mir schriftlich mitteilen, dass sie die Verantwortung für ihr Kind übernehmen. Im Todesfall eines Kindes ermittelt die Staatsanwaltschaft und da würde mir das Schriftstück nichts nutzen. Anders ist das bei Erwachsenen mit solch einer Krankheit. Dort zählt die Eigenverantwortung mehr. Dem Erwachsenen wird zugetraut, dass er seinen Körper besser kennt und weiß, wann er langsam machen muss. Von daher bitte ich dich als Elternteil, den Leiter der Organisation und den Übungsleiter über die Krankheit zu informieren. Ich bin kein Jurist, könnte mir aber vorstellen, dass ein Attest des Kinderarztes, das die Sporttauglichkeit bescheinigt, allen helfen könnte. So habe ich das auch bei meinem Sohn gehandhabt.

# 5 Wo finde ich Ansprechpartner und Adressen?

Sofern du (oder dein Kind) Ju-Jutsu trainieren möchtest/möchte, empfehle ich dir, die Internetseiten des Deutschen Ju-Jutsu-Verbandes (DJJV) aufzurufen, www.djjv.de. Dort findest du eine Länderkarte. Über eine Auswahl in dieser Länderkarte kommst du auf die Seiten der entsprechenden Landesverbände. Dort wiederum findest du viele Adressen von Vereinen, die dem Landesverband angehören. Auch findest du auf all den Seiten Ansprechpartner, d. h. zum Beispiel den Landesjugendtrainer. Außer der E-Mail-Adresse ist auch oft die Telefonnummer angegeben, sodass du sehr schnell Informationen bekommst.

Eine weitere Möglichkeit wäre, dass du bei deiner Stadtverwaltung anrufst und dich mit dem Verantwortlichen für Sport verbinden lässt. Die Vereine sind der Stadtverwaltung bestimmt bekannt und so kannst du auch dort Hilfe bekommen. Dann gibt es natürlich auch noch das gute alte Telefonbuch oder die „gelben Seiten", wo man solche Informationen bekommen kann.

Im Zeitalter des Internets gibt es natürlich auch viele Suchmaschinen. Persönlich benutze ich zur Zeit www.google.de. Dort kannst du Suchbegriffe eingeben, z. B. „Selbstverteidigung + Ludwigshafen" oder „Ju-Jutsu + Ludwigshafen" und wirst mit Sicherheit einige Ergebnisse bekommen.

# 6 Woher bekomme ich die richtige Kampfsportbekleidung?

Die meisten Organisationen (Sportschulen/Vereine) verkaufen diese an die Mitglieder. Deshalb empfehle ich dir, dies mit dem Übungsleiter zu besprechen. Er weiß in der Regel am besten, was für dein Kind der optimale Anzug ist. Vielleicht gibt es ja sogar gebrauchte Anzüge. Ich rate dir davon ab, einfach irgendeinen Anzug z. B. über das Internet zu ersteigern. Ein Anzug, der z. B. für die Sportart Taekwondo geeignet ist, ist für das Ju-Jutsu in der Regel nicht brauchbar. Also, suche zuerst das Gespräch mit dem zukünftigen Übungsleiter, bevor du einkaufen gehst. Am Anfang ist es nicht notwendig, den besten und damit oft teuersten Anzug zu kaufen. Es reicht oftmals ein Einsteigermodell. Oft hat ein Kaufhaus für Sportkleidung auch ein paar Kampfsportanzüge. Bisher war ich von dem Gesehenen aber nicht sehr angetan. Die Materialien waren oft preiswert, aber von minderer Qualität. Wenn ich auf das Geld achten müsste, würde ich mich zuerst über die Marken informieren und dann mal bei eBay® oder einem ähnlichen Auktionshaus nachsehen.

# 7 Die richtige Kleidung auf dem Weg zum Training

Ich weiß es noch wie heute, wie stolz ich war, als ich das erste Mal einen Ju-Jutsu-Anzug anhatte. Von daher kann ich es gut nachvollziehen, wenn ein Kind am liebsten der ganzen Welt zeigen möchte, dass es Kampfsport macht und den Anzug (natürlich mit Gürtel!) schon zu Hause anziehen möchte. Davon möchte ich aber aus den folgenden Gründen abraten. Wenn die Kinder im Training richtig schwitzen, könnten sie sich auf dem Weg nach Hause erkälten. Auch für den Hinweg ist es nicht ausreichend, wenn es nicht gerade Sommer ist. Hinzu kommt noch, dass viele Eltern die Kinder vor dem Trainingsort aus dem Auto lassen und sich oft nicht darum kümmern, ob der Übungsleiter überhaupt kommt. Hier möchte ich auch noch eine Information für alle Eltern loswerden. Ich bin, wie schon geschrieben, kein Jurist, sehe es aber so, dass der Übungsleiter die Verantwortung vom Trainingsbeginn bis zum Ende des Trainings hat. Vor und nach dem Training stehen die Erziehungsberechtigten in der Verantwortung. Die Eltern haben dafür Sorge zu tragen, dass der Übungsleiter auch anwesend ist.

Den Übungsleitern würde ich empfehlen, eine Anwesenheitsliste zu führen, damit sie nachweisen können, ob ein Kind an einem bestimmten Tag am Training teilgenommen hab. Ich hatte auch schon Schüler, wo die Mutter mal nach ein paar Monaten im Training auftauchte, um ihrem Sohn beim Training zuzusehen. Sie war total überrascht, als ich ihr erzählte, dass er schon viele Monate nicht mehr anwesend war. Sollte das Kind etwas Unrechtes in dieser Zeit getan haben, so kann der Übungsleiter mit der Liste nachweisen, dass das Kind entweder anwesend oder nicht anwesend war.

# 8 Wie ziehe ich den Anzug richtig an?

Das Hineinschlüpfen in die Gi-Hose scheint nicht schwierig zu sein, trotzdem sehe ich gelegentlich Schüler, die die Hose verkehrtherum angezogen haben. Die Bändel zum Zuschnüren der Hose sollten vorn sein. Es gibt Anzüge mit Gummibund und reine Hosen zum zuzuschnüren. Für kräftige Kinder empfehle ich die Hose ohne Gummibund, weil dieser oft in den Bauch drückt. Danach wird die Jacke angezogen. Zuerst wird die linke Jackenseite auf den Bauch gelegt und die rechte Jackenseite kommt direkt darüber. Bei manchen Anzügen sind auch Bänder vorhanden, mit denen man die einzelnen Seiten zusätzlich verschnüren kann. Mädchen und Frauen müssen unter dem Gi ein weißes T-Shirt tragen.

# 9    Wie binde ich den Gürtel richtig?

Nachdem ich einiges über die Gürtelfarbe, die Reihenfolge und die Prüfung geschrieben habe, möchte ich nun einen Weg zeigen, wie man den Gürtel richtig binden kann. Es gibt jedoch noch weitere Möglichkeiten, auf die ich hier nicht eingehen möchte.

**1.**    Nachdem der Anzug richtig verschlossen ist, hält der Schüler den Gürtel so vor seinen Körper, dass beide Enden gleich lang sind.

**2.**    Danach positioniert er die Mitte des Gürtels auf dem Bauch.

**3.**    Nun führt er die rechte und die linke Seite des Gürtels nach hinten

**4.**    und führt die linke Seite über die rechte Seite des Gürtels, sodass der Gürtel übereinander (nicht über Kreuz) liegt.

**5.**    Beide Enden werden wieder nach vorn geführt.

**6.**    Die Enden werden über Kreuz gehalten.

**7.**    Ein Ende wird unter dem Gürtel durchgeschoben, sodass ein Ende nach oben und das andere Ende nach unten zeigt.

**8.**    Das obere Ende wird über das untere Ende gelegt

**9.**    und um das untere Ende geführt.

**10.**    Abschließend wird der Gürtel festgezogen. Beide Enden sollten nun gleich lang sein.

3

4

5

6

7

8

9

10

# 10    Welcher ist der richtige Gürtel?

Bei den billigen Anzügen, die vor allem von den Anfängern gekauft werden, ist ein weißer Gürtel beigelegt. Mit diesem geht es los. Wie du diesen um deinen Bauch binden kannst, stelle ich dir gleich vor.

Vielleicht hast du auch schon einmal etwas vom schwarzen Gürtel gehört? Wie bekommt man den? Welche Gürtelprüfungen muss man vorher ablegen? Was bedeuten die Begriffe „Kyu-" und „Dan-Prüfungen"?

Der weiße und gelbe Gürtel kann im Bereich der Kinderprüfungen in drei Teile geteilt werden:

1. Ein Aufnäher an einem Gürtelende.
2. Weißer Gürtel mit gelben Steifen bzw. gelber Gürtel mit orangenem Streifen.
3. Gelber bzw. orangener Gürtel.

Nach dem Orangegurt kommt der Grüngurt. Auch dieser kann für Kinder noch einmal unterteilt werden:

1. Orangener Gürtel mit grünem Streifen.
2. Grüner Gürtel.

Nach dem grünen Gürtel folgen:

1. Der Blaugurt
2. Der Braungurt

Bis hierher waren es reine Schülerprüfungen, die bei uns Kyu-Prüfungen genannt werden.

Ab hier beginnen nun die Meistergrade, die bei speziellen Dan-Prüfungen abgenommen werden.

1. Schwarzgurt (1. Dan) Mindestalter 18 Jahre.
2. Schwarzgurt (2. Dan).
3. Schwarzgurt (3. Dan).
4. Schwarzgurt (4. Dan).

| | |
|---|---|
| **5.** | Schwarzgurt (5. Dan). |
| **6.** | Scharzgurt oder rotweißer Gürtel oder rotschwarzer Gürtel (6. Dan). |
| **7.** | Scharzgurt oder rotweißer Gürtel oder rotschwarzer Gürtel (7. Dan). |
| **8.** | Scharzgurt oder rotweißer Gürtel oder rotschwarzer Gürtel (8. Dan). |
| **9.** | Scharzgurt oder rotweißer Gürtel oder rotschwarzer Gürtel (9. Dan). |
| **10.** | Scharzgurt oder roter Gürtel. |

Manche Meister haben einen hohen Rang, tragen aber nur einen schwarzen Gürtel. Andere tragen einen schwarzen Gürtel und pro Meistergrad einen Streifen am Gürtelende. Manche haben auch ihren Namen in deutscher oder japanischer Schrift auf das Gürtelende sticken lassen.

# 11    Wie die Zeit vergeht

Der längste Weg beginnt mit dem ersten Schritt. Noch heute kann ich mich an die Zeit erinnern, wo ich als Anfänger mit meinem weißen Gürtel am Training teilnahm und ganz hinten in der Reihe stand.

Damals war es noch möglich, dass man im Schülerbereich bei erfolgreicher Prüfung gleich den nächsten Grad ablegen konnte. Diese Chance habe ich nach dem Ablegen meiner Blaugurtprüfung bekommen und auch am gleichen Tag die Prüfung zum Braungurt erfolgreich abgelegt. In der Umkleide hat mir damals ein Trainingskamerad gesagt: „Wenn du mal den 5. Dan hast, lade ich dich und deine Leute zu einem Bier ein." Jetzt, ca. 20 Jahre nach diesem Ereignis (wir hatten uns auch so lange aus den Augen verloren), bekam ich eine E-Mail. Die Mail hatte den Betreff „Wettschulden", und folgende Zeilen:

*„Hallo Christian, hast jetzt schon deine 10 Kästen Bier gewonnen, bin begeistert von dir. Werd mir demnächst mal deinen Laden anschauen.*

*Gruß Jürgen"*

Jürgen Emmrich hat mich über www.google.de im Internet gefunden und dort Informationen über meinen Werdegang und meine Graduierungen gefunden.

Wie die Zeit vergeht! Habt euer Ziel immer vor Augen, dann werdet ihr das auch schaffen!

An dieser Stelle möchte ich mich auch bei meinem ersten Übungsleiter Sigmund Beyer (3. Dan Ju-Jutsu) bedanken, der mir die Grundlagen und die für mich richtige Einstellung zu diesem Sport vermittelte. Es gibt nur einen Übungsleiter für euch! Das ist der, der euch die ersten Schritte beibringt und euch zum Meister ausbildet. Er ist wie ein Vater. Ihr werdet auch von vielen anderen lernen, aber es wird nur einen „richtigen" Übungsleiter geben.

# 12 Warum ich Übungsleiter geworden bin

Ich denke, das Zeug dazu muss man in die Wiege gelegt bekommen. Nur eine gute Technik macht es nicht aus. Man benötigt Persönlichkeit, Methodik, Didaktik und ein gutes Fachwissen. Fehlt eins der Attribute, dann wird man als Übungsleiter nicht sehr erfolgreich sein.

Ich war Gelbgurt (also ein Anfänger), als Siggi (mein damaliger Übungsleiter) in Urlaub ging und zu mir sagte: „Du machst das Training in meiner Abwesenheit." Ich meinte: „Siggi, da sind Schwarzgurte im Training, ich kann das nicht machen!" Er meinte: „Egal, du machst das schon!" Von da ab war ich zuerst seine Aushilfe, dann sein Co-Trainer/ -übungsleiter und als Siggi dann kein Ju-Jutsu mehr praktizierte und ins Kung-Fu wechselte, habe ich die Gruppe übernommen. Wir sehen uns nicht mehr häufig, verstehen uns aber immer noch sehr gut.

Die vielen Jahre als Übungsleiter haben mir auch geholfen, bei einer der großen Softwarefirmen als IT-Trainer tätig zu werden. Viele Jahre war ich als Entwickler und Berater im Programmierumfeld tätig und unterrichte nun andere Menschen in Programmiersprachen und Tools. Mein Stil zu unterrichten, unterscheidet sich nicht wesentlich von dem, den ich beim Kampfsporttraining benutze. Manchmal sage ich aus Spaß zu meinen Teilnehmern: „Der IT-Kurs kann wehtun, muss es aber nicht." Mittlerweile unterrichte ich sogar zukünftige IT-Trainer, was mir mit am meisten Spaß bereitet.

Wenn auch du andere gerne unterrichtest, dann nutze die Gelegenheit, wenn dein Übungsleiter dich als Assistenten/Vertretung einsetzt. Du wirst für deine Leistung zumindest am Anfang kein Geld bekommen, aber du kannst hier viel im Umgang mit anderen Menschen lernen, was dir später im Beruf sehr hilfreich sein kann.

Wer ist der bessere Pädagoge? Derjenige, der viele Jahre Menschen erfolgreich ausbildet oder derjenige, der ein paar Semester an der Universität über dieses Thema gehört hat?

Konfuzius hat gesagt: „Erkläre mir und ich werde es vergessen, zeige mir und ich werde mich daran erinnern, beteilige mich und ich werde es behalten", und: „Wissen allein genügt nicht, man muss es auch anwenden können!" Von daher nutze jede Möglichkeit, andere zu unterrichten, wenn das dein Berufswunsch ist!

# 13 Der kleine Schlag ins Genick

In Baden haben wir die Tradition, dass sich der Schüler nach bestandener Meisterprüfung vor seinem Meister verbeugen muss. Der Meister faltet den Gürtel, hält diesen an beiden Seiten und schlägt mit der Mitte auf das Genick des Schülers. Dies macht er, damit der Schüler nie vergisst, von wem er alles gelernt hat. Ich habe gelesen, dass die Schüler von Ed Parker (Kempo) nach der Prüfung einen Tritt bekommen. Das soll sie daran erinnern, wie viel Mühe sie ihrem Meister bei der Ausbildung bereitet haben. Wenn der Tritt nicht hart genug ist, dann ist so mancher enttäuscht. Im Luta-Livre (brasilianischem Ringen) wird der Prüfling nach bestandener Prüfung von jedem Anwesenden geworfen. Auch hier gibt es ähnliche Rituale.

# 14 Der Schwarzgurt, der unbesiegbare Kämpfer?

Vielleicht zerstöre ich jetzt schon deine Illusionen? Nur, weil ein Mensch die Prüfung zum Schwarzgurt abgelegt hat, heißt das noch lange nicht, dass er keine Angst hat oder dass er unbesiegbar ist. Angst haben wir alle und die ist auch notwendig, um in gefährlichen Situationen zu überleben. Ein Polizeibeamter, der auch Ju-Jutsuka ist, meinte einmal zu mir, dass ihn die Angst schützen würde, nicht unüberlegt in eine Wohnung zu stürmen, um einen Verbrecher festzunehmen. Angst ist also nichts Schlimmes und kann euch bestimmt auch helfen, solange sie nicht lähmend ist.

Bei der Prüfung zum Schwarzgurt im Ju-Jutsu muss sich der Prüfling nicht gegen einen Straßenschläger behaupten, sondern erlernte Techniken an einem Prüfungspartner demonstrieren. Der Partner handelt kontrolliert, sodass gewährleistet ist, dass alle ohne Verletzungen die Prüfung überstehen. Einzig die Wettkämpfer haben ein Training, das einer Selbstverteidigungssituation nahekommt. Aber auch hier achtet ein Kampfrichter darauf, dass keine unfairen Techniken (Tritte zum Genitalbereich, an der Haut reißen, beißen, ...) eingesetzt werden. Viele der Schwarzgurte hatten noch nie eine richtige körperliche Auseinandersetzung mit einem Angreifer und sind vielleicht gar nicht in der Lage, sich effektiv zu verteidigen.

Daher kann ich dir nur empfehlen, an Wettkämpfen teilzunehmen. Hier wirst du aufgeregt sein, auch mal Angst haben, aber über deine Erfolgserlebnisse dein Selbstvertrauen steigern. Auch wirst du die Techniken kennen lernen, die wirklich an jemandem funktionieren, der sich zur Wehr setzt. Der Trainingspartner wehrt sich in der Regel nicht.

# 15 Wie bekommt man den ersten/nächsten Gürtel?

Nachdem du entweder an einem Ju-Jutsu-Kurs oder eine gewisse Zeit (meist mindestens ein halbes Jahr) trainiert hast und einen Sportpass vom Deutschen Ju-Jutsu-Verband (DJJV) hast (diesen besorgt dir dein Übungsleiter), kann dich dein Übungsleiter für eine Prüfung anmelden. Beim DJJV ist das so geregelt, dass nur der Übungsleiter die Schüler für eine Prüfung anmelden darf. Der Schüler selbst darf das nicht tun. Meist finden die ersten Prüfungen im eigenen Verein statt und der eigene Übungsleiter (sofern er den Schwarzgurt hat), führt die Prüfung durch. Glaube mir, ich war als Prüfer manchmal genauso aufgeregt wie meine Prüflinge und ich weiß noch genau, wie sich das anfühlt, wenn man vor den Prüfern steht und das Programm demonstrieren muss. Sollte mal etwas bei der Demonstration der Techniken nicht ganz funktionieren, so frage den Prüfer, ob du das noch einmal zeigen darfst. Wenn das nicht bei jeder Technik der Fall ist, wird der Prüfer nichts dagegen haben. Prüfer sollen nicht kritisieren/belehren und nur das bewerten, was sie gezeigt bekommen. Das hat Vor-, aber auch Nachteile. Die Vorteile liegen darin, dass der Prüfling nicht unnötig verunsichert wird. Er zeigt alles und bekommt danach sein Ergebnis. Den Nachteil sehe ich darin, dass wir Prüfer mit ein paar kleinen Tipps so manche fehlerhafte Technik verhindern können, sodass mehr Prüflinge die Prüfung bestehen. Es kommt leider auch vor, dass Prüflinge die Prüfung nicht bestehen. Im Anfängerbereich kommt das seltener vor. Bei Meisterprüfungen (Dan-Prüfungen) schon eher. Ich selbst halte mich für einen sehr strengen Prüfer, weil mir die Sportart sehr wichtig ist und ich nicht jeden Grobmotoriker mit einem Schwarzgurt um den Bauch sehen möchte. Leider neige ich auch wie Dieter Bohlen dazu, nicht immer die optimalen Kommentare abzugeben, sodass viele Zuschauer allein wegen mir zur Prüfung kamen.

Meine Kommentare waren manchmal wirklich daneben, ich fühlte mich jedoch von vielen der Prüflinge schlichtweg verschaukelt.

Der Kampfsport ist für mich eines der wichtigsten Dinge in meinem Leben und es vergeht kein Tag, an dem ich mich nicht mit etwas aus diesem Bereich beschäftige.

Deshalb glaube ich, dass ich bei der Ausführung einer Technik mehr Fehler sehe als ein Hobbyprüfer (das ist nicht abwertend gemeint!), der 1-2 x pro Woche seinen Sport macht. Aus diesem Grund habe ich mir vor ein paar Jahren die Frage gestellt, ob denn meine Sicht für das Ju-Jutsu die Sicht für alle Sportler sein kann. Ich bin für mich zu dem Ergebnis gekommen, dass meine Ansprüche für viele Freizeitsportler zu hoch sind und werde deshalb bis auf weiteres keine Prüfungen mehr auf Landesebene (Meisterprüfungen) abhalten. In meiner Schule werde ich weiter die Sportler prüfen.

# 16    Sind die Prüfungen überall gleich?

Das Prüfungsprogramm ist gleich, aber manche Landesverbände legen verschiedene Dinge unterschiedlich aus. Früher (vor dem Prüfungsprogramm Ju-Jutsu 2000) musste man z. B. vor jeder Prüfung die sogenannten *Vorkenntnisse* ablegen. Hier prüften wir, ob der Prüfling die Kenntnisse aus den vorangegangenen Gürteln noch abrufen konnte. Schließlich konnte er ja z. B. 10 Jahre aussetzen und danach sofort mit dem nächsten Gürtel weitermachen. Dieser Punkt wurde aus dem Programm gestrichen, was mich persönlich sehr stört. Früher hatten wir Prüfer Gelegenheit, schlechte Prüflinge noch vor der eigentlichen Prüfung (nach Nichtbestehen der Vorkenntnisse) nach Hause zu schicken. Heute muss man diese die ganze Prüfung zeigen lassen, was nur unnötig Zeit kostet. So wie ich denken auch andere Sportler und so wird z. B. in einem Landesverband vor der eigentlichen Meisterprüfung (Dan-Prüfung) ein Lehrgang abgehalten, in dem die Prüfungsteilnehmer die Vorkenntnisse zeigen müssen. Dies entspricht nicht den Prüfungsrichtlinien, wird aber trotzdem so durchgeführt. Bitte verstehe mich nicht falsch. Vorkenntnisse zu prüfen, finde ich gut, die Prüfungsordnung zu umgehen, finde ich schlecht!

Weiterhin erlebe ich oft, dass Kombinationen in einer Prüfung rechtlich bewertet werden. „Das war viel zu hart!", kommt da die Aussage eines Prüfers. In den Richtlinien steht: „Eine notwehrrechtliche Bewertung hat nicht zu erfolgen." Der Prüfling zeigt eine Kombination, die in der Realität in einem gewissen Rahmen durchgeführt wird. Die gleiche Kombination wird anders bewertet werden, je nachdem, ob der Angriff z. B. mittags in der Fußgängerzone stattfindet oder nachts in der Wohnung durch einen Einbrecher. In der Fußgängerzone könnten Passanten eingreifen und helfen. In der Wohnung ist man vielleicht allein?

Ich könnte hier noch weitere Punkte aufführen, möchte es aber dabei belassen.

Ein guter Rat zum Schluss. Wenn du so weit bist, dass du deine Prüfung auf Landesebene ablegst (oft schon ab dem Blaugurt), dann informiere dich, wer deine Prüfer sind und was sie für Schwerpunkte haben. Die Prüfer sind in der Regel bekannt und man weiß, dass man gewisse Dinge bei einem bestimmten Prüfer nicht tun darf und dass andere Dinge wieder sehr wohlwollend gewertet werden.

# 17    Wie wird man Prüfer?

Um im DJJV die Prüfung abnehmen zu können, musst du den 1. Dan (Schwarzgurt) haben und erfolgreich an einem Prüferlizenzlehrgang teilgenommen haben. Manche Landesverbände handhaben das danach so, dass der neue Prüfer erst einmal bei einer Prüfung dabei ist und seine Prüfungsliste ausfüllt. Diese wird aber noch nicht gewertet. Die erfahrenen Prüfer sprechen dann mit ihm die Liste durch und danach kann der neue Prüfer dann zum Teil allein Prüfungen abnehmen. Warum nur zum Teil? Die Prüfungen zum Gelb-, Orange- und Grüngurt kann ein Prüfer allein abnehmen. Danach benötigt man zwei und ab dem Schwarzgurt drei Prüfer.

# 18    Der Prüfer – ein Traumjob?

Hast du DSDS (Fernsehsendung „Deutschland sucht den Superstar") gesehen? Wie hat dir Dieter Bohlen gefallen? Dieter hat viele Fans, aber auch viele, die ihn absolut nicht mögen. Ähnlich geht es Herrn Lliambi, dem Schiedsrichter in der Fernsehsendung „Let's Dance". Auch Detlef D. Soest hat hier eine ähnliche Rolle.

Ich denke, bei mir ist es ähnlich. Ich schätze mal, 30 % lieben mich, 30 % hassen mich und den Restlichen ist es egal. Sollten die Zahlen wirklich so sein, kann ich damit ganz gut leben.

Aber auch anderen Prüfern geht es ähnlich wie mir. Lässt man einen Prüfling bestehen, werden Anwesende meinen: „Wie kann der nur bestehen?" Lässt man ihn durchfallen, dann ist natürlich nicht der Prüfling schlecht, sondern der „böse" Prüfer schuld, der ja keine Ahnung von dem hat, was er da prüfen soll.

Bei Landesprüfungen (ab Blaugurt), sitzen wir Prüfer manchmal 10 Stunden und mehr da und prüfen die Teilnehmer. Am Ende des Tages sind auch wir total fertig. Kein Mensch kann über diese Dauer korrekt prüfen. Klar ist man manchmal in Gedanken oder unkonzentriert und manchmal machen wir so auch Fehler. Zum Glück sind es bei der Meisterprüfung drei Prüfer, sodass es auch mal vorkommt, dass ein Prüfer den anderen fragt: „Hast du das gesehen? War das so in Ordnung?"

Du kannst grundsätzlich davon ausgehen, dass der Prüfer nicht dein Gegner ist, sondern dein Partner. Es gibt für den Prüfer nichts Schöneres, als am Ende des langen Tages dem Prüfling die Urkunde in die Hand zu geben und zu gratulieren. Es macht keinen Spaß, jemand zu sagen, dass die Leistung nicht ausreichte und dass er es sich zu einem späteren Zeitpunkt noch einmal probieren soll. Noch schlimmer ist dies, wenn es sich dabei um Sportler handelt, die man persönlich sehr mag. Aus diesem Grund habe ich es in der Vergangenheit auch vermieden, Menschen zu prüfen, mit denen ich befreundet bin.

# 19    Kinderprüfungsordnung/-programm

Die Prüfungsordnung wurde aus dem Ju-Jutsu-Einmaleins (Seite 175-178) des Deutschen Ju-Jutsu-Verbandes übernommen. Das Prüfungsprogramm entspricht der überarbeiteten Version vom 1.1.2007.

Das aktuelle Prüfungsprogramm des Deutschen Ju-Jutsu-Verbandes enthält weitere Informationen und kann über die Geschäftsstelle des DJJV bezogen werden:
Deutscher Ju-Jutsu Verband e. V.
Badstubenvorstadt 12/13
06712 Zeitz
Telefon: 03441/310041
Telefax: 03441/227706
E-Mail: bundesgeschaeftsstelle@djjv.net
Home: www.djjv.net

**1.**     Die Kinderprüfungsordnung und das darin enthaltene Kinderprüfungsprogramm gilt für alle Ju-Jutsukas bis 14 Jahre. Grundsätzlich gilt die normale Prüfungsordnung mit nachstehenden Abweichungen.

**2.**     Kinder in dieser Altersstufe haben folgende Prüfungen abzulegen:
  - Erste Zwischenprüfung zum 6.1. Kyu
    (Weißgurt mit gelbem Aufnäher)                                    7 Jahre
  - Zweite Zwischenprüfung zum 6.2. Kyu
    (Weiß-Gelb-Gurt)                                                  8 Jahre
  - 5. Kyu
    (Gelbgurt*)                                                       9 Jahre
  - Erste Zwischenprüfung zum 5.1. Kyu
    (Gelbgurt mit orangefarbenen Aufnäher)                           10 Jahre

- Zweite Zwischenprüfung zum 5.2. Kyu
  (Gelb-Orange-Gurt)                                          11 Jahre
- 4. Kyu
  (Orangegurt)                                               11 Jahre
- Zwischenprüfung zum 4.1. Kyu
  (Orange-Grün-Gurt)                                         12 Jahre
- 3. Kyu
  (Grüngurt)                                                 13 Jahre
- 2. Kyu
  (Blaugurt)                                                 14 Jahre

*) Vollprüfung, keine Kinderprüfung nach der Kinderprüfungsordnung

**3.**  Die Prüfungsreihenfolge ist grundsätzlich einzuhalten.
Die Vorbereitungszeit beträgt ein halbes Jahr, jedoch sollte das Mindestalter der betreffenden Gurtstufe erreicht sein. Ist das Mindestalter des jeweiligen Vollgurtes (5., 4. bzw. 3. Kyu) bereits erreicht, kann die Prüfung zu dem Vollgurt auch ohne die Zwischenprüfung/en abgelegt werden, d. h., die Zwischenprüfungen können übersprungen werden.
(**Anmerkung:** Bei den Kyu-Graden 5.-3. Kyu sind die Altersangaben Empfehlungen. Das Alter zum 2. Kyu ist bindend.)

**4.**  Für die Kinderprüfungen gilt das normale Prüfungsprogramm mit folgenden Abweichungen:

| | |
|---|---|
| Erste Zwischenprüfung zum 6.1. Kyu | ein Drittel der Techniken des 5. Kyu |
| Zweite Zwischenprüfung zum 6.2. Kyu | zwei Drittel der Techniken des 5. Kyu |
| 5. Kyu | alle Techniken des 5. Kyu |
| | |
| Erste Zwischenprüfung zum 5.1 Kyu | ein Drittel der Techniken des 4. Kyu |
| Zweite Zwischenprüfung zum 5.2 Kyu | zwei Drittel der Techniken des 4. Kyu |
| 4. Kyu | alle Techniken des 4. Kyu |
| | |
| Zwischenprüfung zum 4.1. Kyu | die Hälfte der Techniken des 3. Kyu |
| 3. Kyu | alle Techniken des 3. Kyu |
| | |
| 2. Kyu | alle Techniken des 2. Kyu |

Der Vereinstrainer, der die Kinder zur Prüfung vorbereitet hat, gibt dem Prüfer die jeweiligen Techniken vor. Das Technikwahlrecht liegt in der Vorbereitung bei den Kindern. Der Prüfer bewertet die Techniken gemäß der allgemeinen Prüfungsordnung. Prüfungsfächer sind:

- Bewegungsformen
- Falltechniken
- Kombinationen/Vielfältigkeit
- Freie Anwendung
- Angriffs-/Partnerverhalten
- Bodentechniken
- Gegentechniken
- Weiterführungstechniken
- Techniken in Kombination

Im Prüfungsfach „Techniken" werden bei den Zwischenprüfungen die Bereiche Abwehrtechniken, Atemitechniken, Hebeltechniken, Würge-, Wurftechniken, Sicherungs- und sonstige Techniken zusammengefasst und als ein Prüfungsfach bewertet.

Im Bereich Techniken und Bodentechniken sind die geforderten ein Drittel bzw. zwei Drittel oder die Hälfte der im jeweiligen Vollgurt genannten Techniken zu prüfen.

Bewegungsformen, Falltechniken und Freie Anwendung sind auch bei den Zwischenprüfungen in vollem Umfang zu prüfen, da diese als Basis des Ju-Jutsu zu sehen sind.

Die Zwischenprüfungen sollen die Kinder auf die Prüfung zum jeweiligen Vollgurt hinführen und motivieren.

Verletzt sich ein Prüfling während der Prüfung (mit oder ohne Fremdverschulden), so entscheidet der Prüfer, ob er die Prüfung zu Ende führt oder nicht.

5.    Die Kinderprüfungen müssen von einem prüfungsberechtigten Dan-Träger abgenommen werden. Sie sind in kindgerechter Form zu gestalten und durchzuführen. Verlangt die Prüfungsordnung einen zweiten Prüfer, so ist die Prüfung mit zwei Prüfern durchzuführen. Die Kinderprüfungen sind beim Prüfungsreferenten des Landesverbandes anzumelden. Die bestandenen Prüfungen sind in den DJJV-Pass einzutragen, die Kinderprüfungsmarken in das betreffende Feld einzukleben und zu entwerten und die entsprechenden Kinderprüfungsurkunden auszustellen.

Bei nicht bestandener Prüfung ist die Kinderprüfungsmarke in die Prüfungsliste einzukleben und zu entwerten.

Die Abrechnung der Kinderprüfungen erfolgt nach der allgemeinen Prüfungsordnung.

# Erläuterungen zum Kinderprüfungsprogramm

Der Inhalt des Kinderprüfungsprogramms entspricht grundsätzlich dem des allgemeinen Prüfungsprogramms. Der Trainer ist jedoch freier geworden in der Auswahl seiner Techniken. Für den Weißgurt mit gelbem Aufnäher muss der Schüler nur ein Drittel der Techniken (Technikprogramm) des 5. Kyus in der Prüfung zeigen.

**Der 5. Kyu gliedert sich in die Bereiche:**

- Verteidigungsstellungen,
- Bewegungsformen,
- Falltechniken,
- Bodentechniken,
- Ju-Jutsu-Techniken (weitgehend in Kombinationen) und
- Freie Anwendungen

Bei jeder Prüfung innerhalb des Bereichs des 5. Kyus sind alle Bereiche zu prüfen.

Im Bereich der Verteidigungsstellungen, der Bewegungsformen, der Falltechniken und der Freien Anwendungen sind alle Vorgaben des Programms zu lehren und zu prüfen (für alle Zwischenprüfungen).

Die Bewegungsformen und die Falltechniken bilden die Basis und Grundlage für die richtigen Anwendungen der Techniken. Dies gilt es, von Anfang an zu schulen und zu prüfen.

Im Bereich der Bodentechniken und der Ju-Jutsu-Techniken kann der Trainer/Prüfer frei entscheiden und die Techniken aussuchen, d. h. für die erste Zwischenprüfung ein Drittel, für die zweite zwei Drittel.

Hier ein Beispiel für die erste Zwischenprüfung zum 6.1 Kyu (Weißgurt mit gelbem Aufnäher): Es muss gezeigt und geprüft werden:

**1.**     Verteidigungsstellung

**2.**     Bewegungsformen
- Auslagenwechsel
  - Nach vorne
  - Nach hinten

- Auf der Stelle
- Meidbewegungen
- Auspendeln
  - Nach hinten
  - Zur Seite
- Abducken
- Abtauchen
- Gleiten
  - Vorwärts
  - Rückwärts
  - Seitwärts
- Körperabdrehen
- Schrittdrehungen
  - 90° vorwärts
  - 90° rückwärts
  - 180° vorwärts
  - 180° rückwärts

**3.**      Falltechniken
Ein Sturz seitwärts

Auswahl: Eine Bodentechnik aus Punkt 4 (Bodentechniken)

**4.**      Bodentechniken
**4.1**      Haltetechnik in seitlicher Position **oder**
**4.2**      Haltetechnik in Kreuzposition **oder**
**4.3**      Haltetechnik in Reitposition

Nun folgt der Technikbereich, aus dem der Trainer ein Drittel der Techniken auswählen kann.

Auswahl: Drei Techniken aus Punkt 5 (Ju-Jutsu-Techniken)

**5.**      Ju-Jutsu-Techniken (weitgehend) im Kombination

**5.1**      Drei passive Abwehrtechniken mit dem Unterarm (zählt als eine Technik)
- In Kopfhöhe (außen)
- In Höhe Körpermitte (außen)
- In Höhe Körpermitte (innen)

| | |
|---|---|
| 5.2 | Zwei Abwehrtechniken mit der Hand (zählt als eine Technik) |
| 5.3 | Eine Handballentechnik |
| 5.4 | Eine Knietechnik |
| 5.5 | Ein Stoppfußstoß |
| 5.6 | Ein Grifflösen |
| 5.7 | Ein Griffsprengen |
| 5.8 | Ein Armstreckhebel (Ausführung bei Bodenlage des Gegners) |
| 5.9 | Körperabbiegen |
| 5.10 | Beinstellen |

Also könnte man z. B. in einer Prüfung zum Weißgurt mit gelbem Aufnäher folgende Techniken prüfen:

| | |
|---|---|
| 5.1 | Drei passive Abwehrtechniken mit dem Unterarm |
| 5.3 | Eine Handballentechnik |
| 5.10 | Beinstellen |

Oder:

| | |
|---|---|
| 5.6 | Ein Grifflösen |
| 5.4 | Eine Knietechnik |
| 5.9 | Körperabbiegen |

Dies sind nur Beispiele. Hier hat der Prüfling freie Wahl! Dies trifft auf für den Orange-gurt und die Zwischenprüfung zum 4. Kyu zu.

| | |
|---|---|
| **6.** | Freie Anwendungsformen im Bereich der Atemitechniken (nur Hände). |

# 20   Wer legt das Prüfungsprogramm fest?

Das Prüfungsprogramm ist ein demokratischer Beschluss vieler Kampfsportler. Jeder Landesverband hat autorisierte Personen, die an solch einer Diskussion und Abstimmung teilnehmen. Auf diesen Sitzungen wird unter Umständen schon sehr heftig um einzelne Punkte gestritten.

# 21    Wo kann man das Programm erlernen?

Ohne eine Sportschule oder einen Verein wird es mit der Ausbildung nichts werden. Zusätzlich aber solltest du regelmäßig an Landes- oder Bundeslehrgängen teilnehmen. Die Infos über diese Lehrgänge haben die Übungsleiter. Nicht alle Übungsleiter geben diese Informationen an die Schüler weiter. Da muss gar kein böser Wille dabei sein. Viele Übungsleiter vergessen es einfach, die eine oder andere Information weiterzugeben. Ich persönlich handhabe das so, dass ich Lehrgangsausschreibungen, die ich per E-Mail erhalte, sofort an meine Schüler maile. Ihr könnt aber gerne auch selbst aktiv werden. Sofern ihr einen Internetzugang habt, ruft die Seiten des DJJV (www.djjv.de) auf. Von diesen kommt ihr auf die Seite eures Landesverbandes. Dort gibt es in der Regel eine Seite, auf der die ganzen Termine aufgeführt sind. Schaut auch mal bei einem anderen benachbarten Landesverband nach. Vielleicht laden die ja einen Trainer ein, den ihr schon lange mal sehen wolltet. Ich selbst bin regelmäßig bei vielen Landesverbänden als Gasttrainer eingeladen. Wenn ihr mich mal persönlich kennen lernen wollt, kommt entweder zu mir in die Sportschule, besucht einen Lehrgang mit mir oder richtet doch einen Lehrgang mit mir aus. Schreibt mir einfach ein E-Mail an Christian.Braun@fight-academy.eu, sodass wir alles Notwendige klären können.

Der Unterschied zwischen den Landes- und Bundeslehrgängen besteht darin, dass bei den Landeslehrgängen meist Trainer aus dem eigenen Landesverband eingesetzt werden. Bei Bundeslehrgängen kommen die Referenten oft aus einem anderen Landesverband. Dabei möchte ich nicht bewerten, welcher der Lehrgänge für euch besser ist.

Damit ihr an einem dieser Lehrgänge teilnehmen dürft, benötigt ihr einen Ju-Jutsu-Sportpass, in dem die aktuelle Jahressichtmarke eingeklebt ist. Den Pass und die Marke wird euch eurer Übungsleiter besorgen. Der Pass ist dann euer Eigentum. Manche Übungsleiter behalten die Pässe der Schüler ein, was ich persönlich nicht gut finde. Die Schüler müssen dann erst fragen, ob sie auf einen bestimmten Lehrgang dürfen und bekommen dann den Pass für den Lehrgang ausgehändigt. Meine Schüler können auf alle Lehrgänge gehen und haben auch alle ihren Pass zu Hause.

Auch möchte ich euch den Vorschlag machen, mal ein Privattraining bei einem Übungsleiter zu machen. Das Gruppentraining bringt lange nicht das, was ein Privattraining bringt. Binnen weniger Stunden kann der Übungsleiter euch das vermitteln, wofür ihr sonst Monate benötigt. Ich selbst habe einige Privatschüler, die sich diesen Luxus leisten.

## 22 Dynamik und Bewegung sind wichtige Punkte bei der Prüfung

Für mich gibt es fast nichts Schlimmeres, als wenn Techniken ohne Dynamik ausgeführt werden oder wenn sich der Prüfling nicht bewegt. Beide Dinge sind die Voraussetzung für eine effektive Selbstverteidigung. Man benötigt die Bewegungstechnik, um sich aus einer schlechten Position in eine bessere Position zu bringen. Eine Schlag- oder Tritttechnik muss mit Dynamik ausgeführt werden, um beim Angreifer Wirkung zu zeigen.

## 23 Die richtige Distanz bei Schlag- und Tritttechniken

Wenn du eine Schlag- oder Tritttechnik ausführst, dann achte darauf, dass du den Angreifer wirklich treffen könntest. Ein Fauststoß, der 30 cm vor dem Angreifer endet, kann diesen unmöglich treffen! Der Luftstoß wird ihn nicht umhauen. Achte deshalb darauf, dass es dir möglich ist, zu treffen, stoppe aber wenige Zentimeter vor dem Ziel ab.

## 24 Ziehe den Arm und das Bein zurück!

Schrecklich finde ich auch, wenn ein Partner z. B. mit einer Ohrfeige angreift und den Arm in der Luft stehen lässt. Übertrieben gesagt, kannst du bei vielen Partnern nach dem Angriff aus der Halle gehen, etwas trinken, danach die Toilette besuchen, noch kurz ein Telefongespräch führen und wenn du dann zurückkommst, steht der Partner immer noch in der gleichen Position da, wie zu dem Zeitpunkt, als du die Halle verlassen hast.

Das ist natürlich total übertrieben, trotzdem ziehen viele Partner den Arm oder das Bein nach einem Angriff nicht wieder zurück, sondern warten geduldig, bis der Partner in aller Ruhe seine Kombination durchgeführt hat. In einer Selbstverteidigungssituation haben wir aber nicht das Glück, dass der Partner nach dem ersten Angriff „einfriert". Schlimmer noch, er greift weiter an. Versuche also, ein guter Partner zu sein und ziehe deinen Arm bzw. dein Bein so schnell wieder zurück, wie du angegriffen hast.

## 25 Mit dem kann ich nicht trainieren! Der hat einen Streifen weniger auf seinem Gürtel

Sofern ein Schüler die Fallschule beherrscht, kann man ihn werfen. Schlag- und Tritttechniken kann man von Anfang an mit allen ausführen. Wenn also ein Teilnehmer im Training nicht deine Graduierung hat, dann kann man sehr wohl mit ihm trainieren. Einige Kinder lehnen ein Training mit einem Niedrigergraduierten ab und das Schlimme ist, ich kenne auch einige Erwachsene, die auch so denken. Mit all diesen Menschen habe ich bisher nur negative Erfahrungen gemacht und unter ihnen noch nie einen wirklich guten Techniker gesehen. Wenn jemand in meiner Schule nicht mit einem anderen trainiert, dann ist er leider bei mir falsch und deshalb habe ich auch schon Schwarzgurte, die bei mir Mitglied werden wollten, abgewiesen.

## 26 Kein Schüler erklärt etwas anderen Schülern, sofern er nicht dazu beauftragt wurde

Immer wieder erlebe ich, dass Schüler meinen, sie müssten unaufgefordert andere unterrichten. Macht so etwas nicht! Viele Techniken sind gefährlich und müssen von einem erfahrenen Übungsleiter erklärt und demonstriert werden, sonst könnten schlimme Verletzungen die Folge sein. Ein Beispiel ist der Genickhebel, der den Genickbruch zur Folge haben könnte.

Manchmal ist die Motivation Hilfsbereitschaft, manchmal aber auch reiner Geltungsdrang. Ich selbst erkläre als Gast in einem fremden Dojo nichts, außer, wenn mich der anwesende Trainer darum bittet, den Anwesenden etwas zu erklären.

## 27 Der gemeinsame Aufbau der Matte (Tatami)

Liebe Eltern, in meiner Sportschule habe ich den Luxus, dass die Matten fest liegen, d. h. sie müssen weder auf- noch abgebaut werden. Über 20 Jahre habe ich jedoch jeden Trainingstag die Matten auf- und abgebaut. Besonders interessant ist das beim Kindertraining. Es sind 1-2 Übungsleiter anwesend, ansonsten einige Kinder im Alter von z. B. 6-8 Jahren. Dazu kommen die vielen, vielen Eltern, die auf der Seite sitzen und dem Auf- und Abbau gelassen zusehen. Die Matten sind nicht leicht und für die Kleinen nach meinem Empfinden zu schwer. Die schleppen die stellenweise immer zu zweit. Was ich über die vielen, vielen Jahren nicht verstanden habe, ist, dass die Mehrheit der Eltern nicht mithilft. Nein, eigentlich überrascht es mich nicht, denn das gehört genau zu dem Thema, dass die meisten nicht mehr helfen wollen und nur noch billig konsumieren möchten.

Wenn du kurz aufstehst und hilfst, dann haben die Kinder mehr Zeit für das Training und der Übungsleiter hat vielleicht auch noch Zeit, das eine oder andere dringende Gespräch mit einem Elternteil zu führen.

# 28  Der Weg zur und von der Matte (Tatami)

Der Weg zur und von der Matte sollte mit geeignetem Schuhwerk (z. B. Badeschlappen) zurückgelegt werden, damit die Füße sauber bleiben. Sollten die Füße den ganzen Tag in Turnschuhen gesteckt haben, so sollten die Füße vor Beginn des Trainings gewaschen werden. Sollten die Kinder die Matte verlassen wollen, weil sie z. B. auf die Toilette müssen, so sollen sie sich zum einen auf alle Fälle beim Übungsleiter abmelden und zum anderen ist zu überlegen, ob ein zweites Kind mitgeht. Das würde ich von den Örtlichkeiten abhängig machen. Wenn die Toilette zu weit weg ist, würde ich als Übungsleiter ein weiteres Kind mitschicken.

# 29  Der Co-Trainer (die lieben Eltern)

Liebe Eltern, ich weiß, dass ihr mehrfach den Film „Stirb langsam" gesehen habt, dazu kommen noch die vielen James-Bond-Filme, dann alle Filme mit Steven Segal und Jean-Claude van Damme und vielleicht der eine oder andere Kung-Fu-Film. Dies alles berechtigt euch jedoch nicht, zu uns auf die Matte zu kommen und Techniken zu korrigieren! Leider kommt das immer mal wieder vor.

Ich wiege ca. 120 kg und bin 188 cm groß und ich habe einen wirklich bösen Blick. Manche meinen, ich sehe aus wie ein Silberrücken (Gorilla). Wenn du dir also meinen bösen Blick und den dann folgenden Kommentar ersparen möchtest, dann, lieber Vater oder liebe Mutter, lass mich meine Arbeit tun. Selbstverständlich sehe ich die vielen Fehler, die dein Kind macht. Ich möchte es aber nicht frustrieren und schon bei den ersten Bewegungen verbessern. Das mache ich Stück für Stück und das kann sogar über mehrere Trainingseinheiten gehen.

Vertraue mir und den anderen Übungsleitern. Ich habe in der Regel alles unter Kontrolle und ich denke, da spreche ich auch für meine Übungsleiterkollegen, die vielleicht weniger als ich wiegen und vielleicht auch nicht ganz so heftig reagieren. Ich weiß jedoch aus Erfahrung, dass dieses Verhalten wirklich nicht gemocht und auch nicht toleriert wird. Du machst dich dadurch nur unnötig unbeliebt. Auch deine gut gemeinten Zurufe von außerhalb der Matte, sind bei uns Übungsleitern gleichermaßen unbeliebt.

Es ist absolut in Ordnung, wenn du die ersten Male dem Training beiwohnst und es dir ansiehst, was mit deinem Kind geschieht. Wenn du der Meinung bist, dass alles so abläuft, wie du es dir vorstellst, dann sei bitte ab diesem Zeitpunkt nicht mehr anwesend. Gehe ein wenig spazieren oder einkaufen. Dein Kind kann sich im Training dann besser entfalten. Solltest du Fragen haben, so sprich uns vor oder nach dem Training darauf an. Am besten ist es, wenn du mit uns einen Zeitpunkt für das Gespräch vereinbarst, damit wir ausreichend Zeit für das Gespräch einplanen können.

# 30    Der Elternabend

Darf ich dir noch meine Erfahrung mit den Elternabenden mitteilen? Wenn wir einen Elternabend veranstaltet haben, wo es darum ging, verschiedene Dinge zu besprechen, uns auszutauschen und Dinge zu planen, waren kaum Eltern anwesend. Ganz anders war es immer, wenn ich vorher mitteilte, dass nicht alle Kinder für die Prüfung zugelassen werden. Dann war es immer richtig voll.

Wie schon oben beschrieben, ist mir bewusst, dass unsere Kinder (auch meine!) viele Hobbys haben und wenn man mehrere Kinder hat, ist es nur schwer möglich, allen gerecht zu werden. Als Übungsleiter sind wir für IHR Kind da und da erwarten wir auch mal, dass Sie für UNS Zeit haben.

# 31    Was ist zu beachten, wenn der Übungsleiter den Trainingsraum verlassen muss?

Es kann immer mal vorkommen, dass auch mal der Übungsleiter den Raum verlassen muss, weil er z. B. zur Toilette gehen muss. Was ist dabei zu beachten? Es ist eine reine Kindergruppe vielleicht im Alter von 8-10 Jahren. In diesem Fall überträgt der Übungsleiter einem Kind, das er für geeignet hält, für diesen kurzen Zeitraum die Verantwortung.

# 32 Gleichzeitiges Training von Mädchen und Jungen

Mir ist klar, dass es nicht immer machbar ist, aber, wenn möglich, sollten bei gemischten Gruppen auch jeweils eine Frau und ein Mann als Übungsleiter anwesend sein. Weiteres folgt im nächsten Kapitel.

# 33 Der richtige Trainingspartner

Ich möchte an dieser Stelle nicht schreiben, dass Mädchen nur mit Mädchen und Jungs nur mit Jungs trainieren. Im Einzelfall macht das vielleicht Sinn, grundsätzlich bin ich aber der Meinung, dass durchaus gemischt trainiert wird. Bei manchen Techniken, die in der Bodenlage trainiert werden, ist es unvermeidlich, dass die Brust berührt wird oder dass man bei einer Befreiungstechnik zwischen die Beine des Partners greifen muss (dabei meine ich nicht, dass der Genitalbereich berührt werden muss!). In diesen Fällen trenne ich nach Geschlechtern. Ob jedoch ein Mädchen gegen ein Mädchen oder einen Jungen boxt, spielt für mich keine große Rolle, sofern beide in etwa die gleiche Masse und den gleichen Ausbildungsgrad haben.

Ich persönlich halte es für sehr wichtig, dass bei allen Kombinationen, wo der Partner geworfen oder in der Bodenlage gedreht werden muss, auf das Gewicht der Partner geachtet wird. Besonders in der Bodenlage machen 10 kg schon viel aus. Deshalb gibt es ja auch Gewichtsklassen bei den Wettkämpfen. Auch macht es für mich nicht viel Sinn, einen Schüler mit zwei Jahren Erfahrung mit einem Anfänger trainieren zu lassen. Bei einer kurzen Übung von ein paar Minuten mag das in Ordnung sein. Bei einem regelmäßigen Training wird sich der Fortgeschrittene langweilen oder der Anfänger wird frustriert das Training verlassen, weil er ständig verliert. Nicht nur die Masse, sondern auch die Größe spielt eine Rolle. Nach Möglichkeit sollten die Schüler je nach Gürtelgrad und dann noch nach Gewicht zusammen üben.

# 34 Was ist bei Verletzungen zu tun?

Sollte sich das Kind so verletzt haben, dass ein Arztbesuch erforderlich ist, dann solltest du es nicht mit dem Auto ins Krankenhaus oder zum Arzt bringen. Der Grund liegt darin, dass das Kind ja im Auto bewusstlos werden könnte. Was machst du denn dann?

Was machst du, wenn auf dem Weg ins Krankenhaus ein Stau ist? In Deutschland ist nach dem Eingang des Notrufes binnen weniger Minuten ein Krankenwagen vor Ort und dieser kann sich auch bei einem Stau oder im Berufsverkehr einfacher den Weg mittels Sireneneinsatz freimachen. Wenn du den Notruf absetzt, dann warte bitte, bis der Gesprächspartner alle seine Fragen stellen konnte. Sie beginnen meistens mit „W". „Wie viele Verletzte?", „Welche Art der Verletzungen", „Wer ruft an?", „Wo ist der Unfallort?", ... .

Der Übungsleiter sollte auch daran denken, dass er dem Kind keine Medikamente geben darf. Selbst das Sprühpflaster kann allergische Reaktionen auslösen. Es wäre hilfreich, wenn im Training Eisbeutel vorhanden sind. Es gibt auch Kühlbeutel, die zwei getrennte Flüssigkeiten beinhalten. Nachdem man den Innenbeutel mit der einen Flüssigkeit geöffnet hat und sich die beiden Flüssigkeiten verbinden, wird der Beutel durch die chemische Reaktion für eine Weile kalt. Diese Beutel bekommst du in der Apotheke. Ansonsten sollte natürlich ein Verbandskasten vorhanden sein. Das Verfallsdatum der einzelnen Packungen sollte regelmäßig überprüft werden. Auch kann ich den Übungsleitern empfehlen, regelmäßig an einem Erste-Hilfe Kurs teilzunehmen. Im Kampfsporttraining kommen zwar selten Verletzungen vor, aber wenn mal ein Druckverband angelegt werden muss oder ein Herz-Kreislauf-Stillstand vorliegt, ist man bestimmt froh, wenn man weiß, wie man zu reagieren hat.

# 35    Training mit einer Erkältung oder Fieber

Liebe Eltern, ein krankes Kind muss vielleicht noch in die Schule, aber im Training hat es nichts zu suchen! Ich bin auch kein Mediziner, habe jedoch gehört, dass die Herzklappen Schaden erleiden können, wenn man mit Fieber trainiert. Wenn die Nase läuft oder man Husten hat, sind die Hände immer irgendwie mit Sekret in Kontakt und das ist nun wirklich nicht schön, wenn man den anderen dann anfasst. Lass dein Kind bitte so lange zu Hause, bis es richtig fit ist.

# 36    Die Dornwarze und der Fußpilz

Beide Krankheiten sind hoch ansteckend. Es besteht durchaus die Möglichkeit, in dieser Zeit zu trainieren, nur sollten die Kinder dann Mattenschuhe tragen. Ich kann Ihnen nicht aufzählen, wie viele Kinder ich schon mit einer Dornwarze auf der Matte gesehen habe.

# Anhang

## 3.1    Literatur

Braun, C. (2004). *Ju-Jutsu – Effektives Training – Prüfungsprogramm Gelb/Orangegurt.* Aachen: Meyer & Meyer.

Braun, C. (2004). *Ju-Jutsu – Effektives Training – Prüfungsprogramm Grün/Blaugurt.* Aachen: Meyer & Meyer.

Braun, C. (2005). *Ju-Jutsu – Der Weg zum Meister – Prüfungsprogramm Braungurt.* Aachen: Meyer & Meyer.

Braun, C. (2005). *Ju-Jutsu, Der Weg zum Meister Prüfungsprogramm Schwarzgurt.* Aachen: Meyer & Meyer.

Braun, C. (2005). *Grappling, Effektives Training.* Aachen: Meyer & Meyer.

Braun, C. (2005). *Selbstverteidigung gegen Messerangriffe.* Aachen: Meyer & Meyer.

Braun, C. (2005). *Stickfighting.* Aachen: Meyer & Meyer.

Braun, C. (2006). *Selbstverteidigung – Techniken die wirklich helfen.* Aachen: Meyer & Meyer.

Braun, C. (2006). *Kali, Arnis, Eskrima – Die philippinischen Kampfkünste.* Aachen: Meyer & Meyer.

Braun, C. (2006). *Free Fight – Kampf ohne Regeln.* Aachen: Meyer & Meyer.

Braun, C. (2007). *Kali, Arnis, Eskrima – Die philippinischen Kampfkünste Band 2.* Aachen: Meyer & Meyer.

Braun, C. (2005). *Jiu-Jitsu – the basics.* Aachen: Meyer & Meyer.

Braun, C. (2006). *Jiu-Jitsu – Training.* Aachen: Meyer & Meyer.

Braun, C. (2006). *Self-Defence against knife attacks.* Aachen: Meyer & Meyer.

Braun, C. (2006). *Grappling. Effective groundwork.* Aachen: Meyer & Meyer.

Braun, C. (2007). *Free fight – the ultimate guide to no holds barred fighting.* Aachen: Meyer & Meyer.

## 3.2    DVDs

Braun, C. (2006).
*Selbstverteidigung gegen Messer-
angriffe – Street Safe Workshop:*
itf-multimedia

Braun, C. (2006).
*Selbstverteidigung gegen Messer-
angriffe – Basics:* itf-multimedia

Braun, C. (2007).
*Selbstverteidigung für Frauen –
Basics:* itf-multimedia

Braun, C. (2007).
*Selbstverteidigung gegen Kontakt-
angriffe – Basics:* itf-multimedia

Braun, C. (2007).
*Selbstverteidigung gegen Messer-
angriffe – Entwaffnungstechniken –
Workshop:* itf-multimedia

Braun, C. (2007).
*Open Mind Combat Prüfungspro-
gramm zur Phase I:* itf-multimedia

Braun, C. (2007).
*Selbstverteidigung gegen Stock-
angriffe – Basics:* itf-multimedia

Braun, C. (2007).
*Hebeltechniken – Basics:*
itf-multimedia

Braun, C. (2007).
*Energydrills – Basics
Energydrills – Advanced:*
itf-multimedia

Braun, C. (2007).
*Doppelstockdrills/Sinawalis:*
itf-multimedia

Bestellmöglichkeit und Informationen unter **www.fight-academy.eu**

## 3.3     Links

| | |
|---|---|
| www.fight-academy.eu | Fight Academy Christian Braun |
| www.m-m-sports.com | Sportbuchverlag Meyer & Meyer |
| www.rechtundsicher.de | Rechtsanwälte Eisenträger & Dauch |
| www.itf-multimedia.de | Webdesign und Multimedia Frank Hassler |
| www.djjv.de | Deutscher Ju-Jutsu-Verband |
| www.ajjif.org | All Japan Ju-Jitsu International Federation |
| www.kwon.de | Kampfkunstkleidung/-zubehör KWON |
| www.ju-sports.de | Kampfkunstkleidung/-zubehör Jörn Meiners |
| www.bb-sportnahrung.de | Nahrungsergänzung für Kampfsportler |

# 3.4 Über den Autor

Christian Braun, geb. 1965

**Beruf:**

Systemanalytiker/IT-Trainer/Autor und Sportschuleninhaber

**Wohnadresse:**

Peter-Paul-Rubens-Str. 1
67227 Frankenthal
E-Mail: Christian.Braun@fight-academy.eu
Home: www.fight-academy.eu
Tel.: +49 (0) 1 77 / 2 84 30 80

Anfragen für Privattraining und Lehrgänge
sowie Kampfsportbücher, Übungsmesser, Stöcke,
Schutzbrillen und Kampfsportzubehör:
bitte auch an obige Adresse.

**Trainingsadresse:**

Fight Academy Christian Braun
Westendstraße 15
67059 Ludwigshafen
Tel.: +49 (0) 1 77 / 2 84 30 80
E-Mail: Christian.Braun@fight-academy.eu
Home: www.fight-academy.eu

**Graduierungen:**

* Head Instructor Open Mind Combat (OMC)
* 7. Dan Ju-Jitsu (All Japan Ju-Jitsu International Federation)
* 5. Dan Ju-Jutsu (DJJV), JJ-Lehrer-Lizenz, Trainer-B-Lizenz
* Phase 6 und Madunong Guro der IKAEF unter Jeff Espinous und Johan Skalberg
* Instructor in Progressive Fighting Systems (Jeet Kune Do Concepts)
  unter Paul Vunak
* Luta-Livre-Lehrer Lizenzstufe 1 unter Andreas Schmidt
* Dan Jiu-Jitsu (Deutscher Jiu-Jitsu-Bund)
* Phase 2 Jun Fan Gung Fu unter Ralf Beckmann

**Personenschutz:**

- Trainer der Personenschützer eines großen
  IT-Unternehmens in Baden-Württemberg.

**Ämter:**

- Technischer Direktor der AJJJIF für Deutschland
- Landestrainer und Pressewart der Sektion Ju-Jutsu
  im Pfälzischen Judo-Bund (1990/91)
- Referent für Senioren- und Behindertensport
  im Ju-Jutsu-Verband Baden e. V. (1999-2003)
- Von Mai 1992 bis April 2006 Abteilungsleiter
  im Turn- und Fechtclub 1861 e. V. für Selbstverteidigung und Kampfsport

**Mitarbeit:**

- Referent auf dem Bundesseminar des DJJV e. V. 2003 und 2004
- Referent auf Bundeslehrgängen des DJJV e. V.
- Referent im Bereich der JJ-Lehrerausbildung des DJJV e. V.
- Mitglied im Trainer-Team des JJ-Verband Baden e. V.
- Mitglied im Trainer-Team des DJJV e. V. im Bereich Behindertensport

**Wettkampferfolge in der nach oben offenen Gewichtsklasse:**

Im Zeitraum von 1988-1991 wurden mehrere Platzierungen bei der pfälzischen Einzelmeisterschaft errungen. Unter anderem 1991 der erste Platz. Weiterhin drei dritte Plätze bei der südwestdeutschen Einzelmeisterschaft. Platz vier beim Lock and Choke Turnier der European Luta-Livre Organization 2004 in der nach oben offenen Gewichtsklasse. Zweiter Platz bei der deutschen Meisterschaft im Luta-Livre 2005 in der Gewichtsklasse +99 kg (Fortgeschrittene).

**Eigene Bücher:**

Siehe Literaturvorschläge

**Eigene DVDs:**

Siehe DVD-Vorschläge

## 3.5    Mitwirkende

Joey Luckas

Luca Bongiovanni

Saskia Braun

## 3.6 Bildnachweis

Coverfoto:              Christian Braun
Covergestaltung:        Jens Vogelsang
Fotos Innenteil:        Christian Braun

# Kampfsport für Kinder

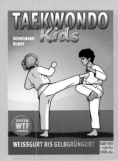

Volker Dornemann &
Wolfgang Rumpf
**Taekwondo-Kids**
Weißgurt bis Gelbgrüngurt

Auch in englischer Sprache
2. Auflage
136 Seiten, in Farbe
155 Abb., 6 Tabellen
Paperback mit Fadenheftung
16,5 x 24 cm
ISBN 978-3-89899-354-8
€ [D] 16,95 / SFr 29,00 *

Der erste praktische Leitfaden zur koreanischen Kampfkunst Taekwondo speziell für Kinder und Jugendliche! Anhand leicht verständlicher Texte und zahlreicher Illustrationen können alle Übungen problemlos nachvollzogen werden. Band 1 enthält alles Wissenswerte für den Anfänger bis hin zur Prüfung zum Gelbgrüngurt (7. Kup).

\* Preise in SFr unverbindliche Preisempfehlung

Volker Dornemann &
Wolfgang Rumpf
**Taekwondo-Kids 2**
Grüngurt bis Blaugurt

Auch in englischer Sprache
160 Seiten, in Farbe
163 Abb.
Paperback mit Fadenheftung
16,5 x 24 cm
ISBN 978-3-89899-268-8
€ [D] 16,95 / SFr 29,00 *

Das Autorenteam setzt mit Taekwondo-Kids 2 seinen illustrierten Taekwondolehrgang für Kinder und Jugendliche fort. Im Prüfungsprogramm vom Grüngurt bis zum Blaugurt werden Techniken, Übungen und Tipps altersgerecht beschrieben und in über hundert farbigen Illustrationen in Szene gesetzt.

# www.dersportverlag.de

MEYER
& MEYER
VERLAG

# Ju-Jutsu

Christian Braun
**Ju-Jutsu – Effektives Training**
Das Prüfungsprogramm vom Gelb- und Orangegurt

Auch in englischer Sprache

3. Auflage
208 Seiten, in Farbe, 903 Fotos
Paperback mit Fadenheftung
16,5 x 24 cm
ISBN 978-3-89899-363-0
€ [D] 18,95 / SFr 32,20 *

Ju-Jutsu ist eines der effektivsten Selbstverteidigungssysteme, weil es die Selbstverteidigung über alle Distanzen abdeckt. Um Ju-Jutsu zu erlernen und die Prüfungen erfolgreich zu bestehen, werden hier alle erforderlichen Stellungen und Techniken dargestellt. Selbstverteidigung gegen Waffenangriffe sowie Verteidigungstechniken gegen den nahen Schusswaffenangriff werden ebenfalls thematisiert.

Christian Braun
**Ju-Jutsu – Effektives Training**
Das Prüfungsprogramm vom Grün- und Blaugurt

Auch in englischer Sprache

280 Seiten, in Farbe, 1.458 Fotos
Paperback mit Fadenheftung
14,8 x 21 cm
ISBN 978-3-89899-047-9
€ [D] 16,95 / SFr 29,00 *

Um Ju-Jutsu effektiv zu trainieren und die Prüfungen erfolgreich zu bestehen, werden hier alle erforderlichen Bewegungsformen und Techniken vom Grün- und Blaugurt dargestellt. Dieses praxisnahe Buch ist auch für Trainer ein umfassendes Nachschlagewerk. Der Band schließt nahtlos an das Basisbuch „Ju-Jutsu – Effektives Training – Das Prüfungsprogramm vom Gelb- und Orangegurt" an.

* Preise in SFr unverbindliche Preisempfehlung

MEYER
& MEYER
VERLAG

# www.dersportverlag.de

Christian Braun
**Ju-Jutsu – Der Weg zum Meister**
Das Prüfungsprogramm zum Braungurt

272 Seiten, in Farbe
durchgehend bebildert
Paperback mit Fadenheftung
14,8 x 21 cm
ISBN 978-3-89899-077-6
€ [D] 16,95 / SFr 29,00 *

Um die Prüfung zum Braungurt erfolgreich zu bestehen, werden Sie von einem erfahrenen Kampfsportler beim Erlernen aller notwendigen Techniken aus dem Prüfungsprogramm begleitet. Zahlreiche neue Kombinationen über alle Distanzen (Tritt-, Box-, Trapping-, Wurf- und Bodenkampfdistanz) werden vorgestellt. Dieser Band beinhaltet die original Prüfungstexte des Ju-Jutsu-Verbandes.

* Preise in SFr unverbindliche Preisempfehlung

Christian Braun
**Ju-Jutsu – Der Weg zum Meister**
Das Prüfungsprogramm zum Schwarzgurt

272 Seiten, in Farbe
durchgehend bebildert
Paperback mit Fadenheftung
14,8 x 21 cm
ISBN 978-3-89899-078-3
€ [D] 16,95 / SFr 29,00 *

Alle Ju-Jutsuka, die sich auf die Meisterprüfung des Verbandes vorbereiten wollen, werden hier gezielt mit allen erforderlichen Techniken vertraut gemacht. Viele neue Kombinationen über alle Distanzen werden vorgestellt und machen das Werk für aller Kampfsportler und insbesondere auch für Cross-Fighter interessant. Dieser Band beinhaltet die original Prüfungstexte des Ju-Jutsu-Verbandes.

# www.dersportverlag.de

**MEYER
& MEYER
VERLAG**